INHALTSVERZEICHN

EINFÜHRUNG

Es ist uns als Menschen selbstverständlich, einen Namen zu haben. Im Laufe unseres Lebens und mit der Entwicklung unseres Selbstbewusstseins identifizieren wir uns immer mehr mit unserem Namen. Wenn mein Name genannt wird, weiß ich mich persönlich gemeint. Der Name ist als Erstes Erkennungszeichen meiner Person.

Nicht nur Menschen werden beim Namen genannt. Von Anfang an, so wird in der Schöpfungsgeschichte der Bibel berichtet, nimmt der Mensch Beziehung zu den Tieren und Pflanzen auf, indem er ihnen einen Namen gibt. „Der Mensch gab Namen allem Vieh, den Vögeln des Himmels und allen Tieren des Feldes." (Gen 2, 20)

Was einen Namen trägt, erst das wird fassbare Wirklichkeit. So werden alle Dinge benannt, dass wir sie uns vorstellen, einordnen können. Mit der Namensnennung eines Gegenstandes tauchen in mir Bilder auf und ich kann in Beziehung zu ihm treten. Er bleibt nicht nur eine Sache.

Uns Menschen wird der Name jedoch nicht nur als Erkennungszeichen gegeben. In antiker Vorstellung und so auch in der Anschauung des AT und NT wird mit dem Namen eine Wesensbezeichnung kund. Es besteht also zwischen dem Namen und dem damit Bezeichneten eine feste, unlösliche Verbindung.

Das gilt auch für den alttestamentlichen Gottesnamen. Um Gott anrufen zu können, muss man seinen Namen kennen. Dies wird im Buch Exodus erzählt. Mose begegnet Gott im brennenden Dornbusch und erfährt von seiner Berufung, das Volk Israel aus der Knechtschaft in die Freiheit zu führen. Sein Einwand lautet: „Mein Volk wird mich fragen: Wie heißt der Gott? Wie ist sein Name? Was soll ich ihnen darauf sagen?"

Gott offenbart seinen Namen: -JHWH- Ich bin der „Ich bin da". So sollst du den Israeliten sagen: Der „Ich bin da" hat mich zu euch gesandt. Das ist mein Name für immer, und so wird man mich nennen in allen Generationen". (Ex 3, 13, ff) So ist für alle Generationen die Beziehung zu Gott eröffnet.

Was nun von der Schöpfung und von der Transzendenz gilt, gilt auch vom Menschen. Namenlos zu sein, bedeutet, ohne Identität zu sein, ein Nichts, ein Niemand. So ist menschliches Leben nicht möglich. Der Mensch lebt immer in Beziehungen. Wenn er keinen Namen hat, kann er nicht einmal Beziehung zu sich selbst aufnehmen, erst recht nicht zu anderen. Er wird sich fragen: Wer, was bin ich? Er wird nicht erkannt werden in seiner Eigenart, in seinem Wesenskern. Menschwerdung ist nur über den Namen möglich. Ehre und Würde wird mir im Angeschaut und Angesprochen werden, im Anerkannt sein zuteil.

In den Schriften der Bibel finden wir immer wieder Sinngebung, Sinndeutung bei der Namensgebung für Personen und Orte.

Zugleich kann in der Art und Weise der Namensnennung auch der Ansprechende erkannt werden. Maria von Magdala erkannte den Auferstandenen erst, als er sie beim Namen rief.

Die ganze Beziehungs-, Lebens- und Liebesgeschichte wird in dem ausgesprochenen Namen deutlich und lebendig.

Vom Urbeginn der Menschheit also wird Gewicht und Wert auf eine sinnvolle Namensgebung gelegt. Schon bei der Geburt wird dem Menschen ein Name gegeben. Von naturverbundenen Völkern wissen wir, dass Namen als wegweisend und magisch gelten. Sie haben gleichsam eine Zauberkraft. Mit dem Namen wird in das Kind der Wunsch für die Entwicklung in eine bestimmte Lebensrichtung gelegt. Der Name soll Einfluss auf den Träger ausüben und als Programm über seinem Lebensweg stehen.

In manchen Märchen können wir dies nachlesen. So wird im Märchen Rapunzel dem Mädchen von der Zauberin der Name „Rapunzel" gegeben, gleich den begehrten Salatpflanzen im Garten. Es wird somit schon eine bestimmte Lebensspur gelegt, ein Signum von „nahrhaft, grün, frisch, fruchtbar".

Bei der Namensgebung im christlichen Sinn wird dieses Wünschen von einer starken Persönlichkeit her erschaut. Namen von Heiligen, sogenannte Namenspatrone, werden als wegweisende Vorbilder gegeben.

Auch in der Ahnenreihe wird der Name von tüchtigen Menschen gesucht. Großeltern, Eltern oder Paten sind Namensgeber, die etwas von ihrem Wesen, von ihrer Größe, Kraft und Stärke auf das Kind übertragen mögen.

Doch verbinden gläubige Menschen mit „einen Namen haben" nicht nur das äußere Merkmal. Sie glauben, dass sie „einen Namen haben" bei Gott – dass Gott sie kennt, auf sie schaut, sie schätzt und liebt. Sie wissen sich in Gottes Hand geschrieben.

„Fürchte dich nicht, denn ich habe dich ausgelöst, ich habe dich beim Namen gerufen, du gehörst mir". Dieses Wort, beim Propheten Isaias aufgeschrieben, will durch bedrohende Wasser und Feuer retten. „Denn ich, der Herr, bin dein Gott, ich, der Heilige Israels, bin dein Retter".

Und sie freuen sich, dass ihre „Namen im Himmel verzeichnet" sind. (Lk. 10,20)

Gleichzeitig dürfen sie den Namen Gottes anrufen, seinen Beistand, seine Gegenwart erfahren, weil dies im Namen Gottes zum Ausdruck kommt: „Ich bin da für euch!"

Bei der Taufe will das Wirklichkeit werden, wenn wir den Täufling auf den Namen des dreifaltigen Gottes taufen: „Im Namen des Vaters, des Sohnes und des Heiligen Geistes".

Sie erfolgt auch in besonderer Weise unter Nennung des Namen Jesu Christi über den Täufling. Damit ist die ganze, mit diesem Namen verbundene und an ihn geknüpfte Heilswirklichkeit bezeichnet. Alles, was wir mit dem Namen „Jesus Christus" verbinden, die ganze Zuneigung des Heiles soll dem Täufling zuteil werden und in das Leben dieses Menschen hineinreichen.

Wir sprechen zuweilen von „großen Namen", von Menschen, die im Laufe der Geschichte sich einen „Namen machten", also in der Welt Großes geleistet haben. Doch wird dabei nicht nur die Leistung eines Menschen betrachtet? Will der Mensch mehr sein als das Ergebnis von Intelligenz und Können, von Verstandeskraft, Fleiß, Geschick und Begabung – will er im tiefsten Wesenskern, in seiner Menschenwürde erschaut und erkannt werden, dann kann er die Größe seines Namens wohl nicht selber bestimmen. „Denn der Mächtige hat Großes an mir getan, und sein Name ist heilig". (Lk 1,49)

Über den Namen können wir Zugang zu einem Menschen finden. Liebevoll beim Namen angesprochen, kann er sich öffnen. So wird gegenseitig Begegnung möglich.

In diesem Heft suchen wir den Zugang zu Maria über den Namen. Ihren Namen, ihr Bild, ihre Person gilt es, neu zu entdecken.
Angesprochen durch den Gruß des Engels hat sich Maria aufgetan für die Botschaft der Liebe Gottes. Bedingungslos hat sie Gottes Wort geglaubt und ihm vertraut. Das macht sie für uns offen und zugänglich zur Begegnung. In Maria wird uns ein Gottesbild liebender Zuwendung aufgezeigt. Sie ist uns Zeichen von Gottes Erbarmung an uns Menschen.
Oftmals gelingt in diesem Schauen auf Maria die Begegnung mit Gott leichter.

Nun sind wahrhaftig schon viele Abhandlungen und Bücher über Maria geschrieben worden.
In vielen Bildern wird sie uns vorgestellt. Viele Würdenamen sind ihr gegeben. Litaneien zeigen dies auf. Der meist angerufene Name wird wohl „Mutter" sein. In diesem Wort können sich alle Lebensschicksale bergen.
Wir haben in verschiedenen Einheiten versucht, dieser Anrufung gerecht zu werden: Maria, Mutter Jesu – Mutter des Erlösers – Mutter der Kirche. Als Fürsprecherin wird Maria in allen Lebenslagen angerufen. Auch da kennen wir die verschiedensten Bilder und Namen. Wir haben das Bild der „Knotenlöserin" gewählt. Darin wird uns Maria helfend und tröstend vorgestellt.
Für mich selbst darf in einem Marienbild ihr Gotteslob nicht fehlen: Maria – die Lobpreisende. Sie weiß sich diesem liebenden Gott verdankt und kann nicht anders als singen: „Hoch preiset meine Seele den Herrn".
So wird Maria erhoben. Die Krone des Lebens wird ihr zuteil. Königin wird sie genannt. Eine Wortgottesfeier zum Fest „Maria Himmelfahrt" will in dieses Geheimnis hineinführen.

In allem Mühen um eine rechte Verehrung der Gottesmutter Maria will der Weg immer im Wesentlichen zu Gott führen. Maria ist die glaubende und vertrauende Frau – Urbild des Glaubens. An ihr ist abzulesen, wie Gott an uns Menschen handelt. So möge dieses Heft dazu beitragen, mit Kindern und Jugendlichen, auch für sich selbst einen Weg zu finden, der im Schauen auf Maria zu Gott führt.

An Maria

Dein Bild hab' lange ich gesucht,
verschüttet war es mir.
Denn die Gestalt,
die oft gezeigt,
das warst nicht du!

So musste Stück für Stück ich
in gar großer Mühsal
mir entblättern von dem Tand,
der dir oft angehängt.

So habe ich dann freigelegt
die Demut, mit der dein JA bestimmt,
Bereitschaft, Offenheit für alles,
was dir auch unverständlich!

Ich hab' geschaut dich als den
Menschen,
der liebend zugeht auf den andern
und helfend beisteht
dem, der Hilfe braucht.

Ich sehe dich als Mutter,
die tief bewegt vor ihrem Kinde
ganz fassungslos dies Wunder schaut,
das Gott gesandt!

Und nicht dein Eigentum
nennst du das Kind.
Du bringst es dar und gibst es dem,
der Anspruch darauf hat.

Und trotzdem weißt du dich
verpflichtet,
dies Kind ganz bergend,
hüllend zu umfangen,
um es vor Not und Tod
zu schützen.

Dies Kind, dein Sohn ist es,
dem du gehorchend untertan
und schweigend wartest du,
bis „Seine Stunde“ da ist.

Und endlos Schmerz ist es,
der sich in deine Seele gräbt.
Denn tot hältst du in Händen,
den du so sehr geliebt.

Und immer noch bist du voll Glauben,
stehst betend in der Schar der Jünger,
erwartest Seines Geistes Kraft
und stärkst die andern in der Furcht.

So ist dein Bild in mir gewandelt
zu einem Bildnis tiefen Glaubens,
zu einem Bild des neuen Menschen,
der Gottes Größe preist.

Und Gott ist es, der dich vollendet,
dich liebend aufnimmt und dich krönt,
weil du das JA von Anfang
bis zum Ende hast gesprochen.

Hanni Neubauer

ICH HABE EINEN NAMEN

ÜBERLEGUNGEN

Der Name, Vorname, Rufname kennzeichnet einen Menschen als Person – in seiner Persönlichkeit, Identität und Einmaligkeit.
An seinem Namen wird ein Mensch erkannt, will er sich auch erkennen lassen. Mit seinem Namen stellt er sich vor und will sich bekannt machen. Durch den Namen unterscheidet er sich von anderen und hat damit seinen eigenen Platz in der Gemeinschaft. Der Name ist als Erstes ein Erkennungsmerkmal. Mit dem Namen entsteht auch sofort ein bestimmtes Bild von einem Menschen. Dieses Bild kann Vertrautheit oder Abwehr schaffen. Es kann sich aber auch verändern oder entwickeln, so wie das der Mensch in seiner Persönlichkeit lebenslang tut. Mit meinem Namen gebe ich etwas von mir preis.
Doch bietet der Name auch Schutz. Er ist gleichsam ein Schutzraum, in dem etwas wachsen und entstehen kann, die eigene Persönlichkeit. Mein Name schützt mich und meine Personwürde.

Für unsere Kinder im Vorschulalter mag es wichtig sein, zuallererst den eigenen Namen nennen zu können. Ich erinnere mich beim Arbeiten mit Kindergruppen, dass im Vorstellen mit dem eigenen Namen die Kinder gleichsam ein Stück gewachsen sind. Mit einer stolzen Würde haben sie ihren Namen gesagt. Das Bewußtsein des eigenen Ichs schien sich zu stärken: „Ich trage einen Namen. Ich bin jemand. Ich bin bekannt. Ich bin Ich!"
Das mag dann die Voraussetzung sein, den anderen neben mir mit gleicher Wertschätzung zu erkennen und ihn bei seinem Namen zu nennen.
Es ist wohl ein Weg des immerwährenden Einübens.

EINHEIT

Wir kommen an und sind da

❍ Die Kinder haben sich im Stuhlkreis versammelt.
Jeder hat sich einen guten Platz gesucht.
Die Erzieherin überlegt mit den Kindern: Warum sitze ich gerade hier?
Bin ich in die Nähe von meinem Freund, meiner Freundin gegangen?
War der Platz gerade frei?
Wollte ich jemandem gegenüber sitzen und ihn sehen?
Wollte ich in eine bestimmte Richtung schauen, z.B. zum Fenster, zur Türe?
Nun bin ich da.
Um mich sind die Kinder der Gruppe.
Manche kenne ich besser. Manche kenne ich weniger gut.
Wir sind alle da.

❍ Wir können singen:

Text u. Melodie: Hanni Neubauer

❍ Wir überlegen weiter:
Ich bin nicht mehr zu Hause oder an einem anderen Ort.
Ich bin nicht mehr beim Spielen.
Ich bin da mit allem, was zu mir gehört:
Mit meinen Gedanken, mit meinem Fühlen,
mit meiner Traurigkeit oder mit meiner Freude,
mit meiner Müdigkeit, auch mit meiner Kraft und Lebenslust,
mit meiner Angst und Hoffnung,
mit meinem ganzen Leben bin ich da.
Ich bin da mit meiner Lebenszeit – mit meiner Lebensgeschichte.
Ich bin da mit meiner Eigen-Art.
Ich bin auch da mit meinem Namen –
mit dem Namen, der mir gegeben ist,
mit dem ich gerufen werde, der zu mir gehört.
So, wie ich da bin, ist es gut.

Wir nennen unsere Namen

Ich habe einen Namen, ich nenne ihn und stelle mich mit meinem Namen den anderen vor.

❍ Die Erzieherin hat mehrere Schlaginstrumente (Trommel, Holzblocktrommel, Triangel usw.) vorbereitet und in die Mitte gebracht.

❍ Ein Kind darf sich jeweils mit dem eigenen Namen (Vor-, Rufnamen) auf einem Instrument vorstellen.
Dabei kann es auf dem Instrument die Silben seines Namens anschlagen.
Ich heiße Sebastian. Mein Name klingt so: Se-ba-sti-an.

❍ Wir klatschen anschließend zusammen den Namen von jedem Kind. Das kann auch mit dem obigen veränderten Liedvers geschehen:

Du bist hier angekommen. Sebastian, du bist da.
Wir klatschen deinen Namen xxxx. Das ist wunderbar.

❍ Wir können auch dem einzelnen Kind oder – bei einer größeren Gruppe – Mehreren zusammen im Liedvers ihr Dasein bestätigen.

Wir singen dann:

Ihr seid hier angekommen. Ihr seid jetzt da.
Wir freuen uns und singen: Das ist wunderbar.

❍ Es kann ein Rätselspiel folgen.
Die Erzieherin schlägt auf einem Instrument die Silben von ein-, zwei-, drei-, oder viersilbigen Namen an:
„Ich rufe alle Kinder mit dem Namen: xxxx."
Die Kinder mit der jeweiligen Silbenanzahl in ihrem Namen dürfen aufstehen.
Jedes Kind kann noch einmal seinen Namen nennen und klatschen.

❍ Haben wir alle unsere Namen genannt und erkannt, können wir zusammen singen:

Wir kennen unsre Namen. Wir sind jetzt da.
Wir freuen uns und singen: Das ist wunderbar.

Ein Lied, das auch passt:

überliefert

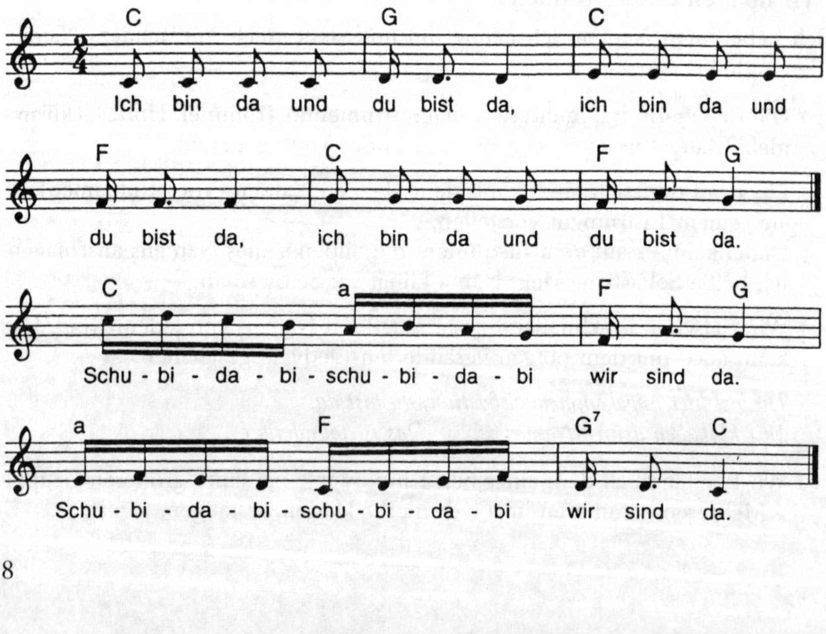

WIR RUFEN UNS BEIM NAMEN

ÜBERLEGUNGEN

Wir werden bei unserem Namen gerufen. Der Ruf des Namens kann verschieden klingen. Ich kann daran erkennen, wie es der andere mit mir meint. Bei einem guten Ruf spüre ich, dass ich bekannt, anerkannt, gewünscht, gewollt, geliebt bin. Gut beim Namen gerufen zu werden, das heißt, persönlich angesprochen, ernst genommen, in seiner Eigenart erkannt zu sein! So wird der Ruf nicht lauten "He du!", sondern „Du, Helga!", „Du, Martin!"
Die Klangfarbe des Rufens ist jedoch verschieden und verrät schon ein wenig die Intention des Rufers. Ich kann im Ton erkennen, ob daraus Strenge oder Anteilnahme klingen - ob ich zu einer Pflichterfüllung gerufen werde oder ob der Anrufung eine gute Nachricht folgt. Ist es ein zärtliches Angerufen werden? Spüre ich dabei gleichsam Umarmung und Wärme? Oder löst der Ruf Angst aus? Werde ich klein gemacht, abgekanzelt?
Gleich, in welcher Gesinnung der Rufende auf mich zukommt, wenn er meinen Namen kennt, verbindet er mit dem Namen mich und meine Person.
Wir wollen als Menschen immer wieder beim Namen gerufen werden. Wir brauchen diesen Anruf, diese Ansprache. Dies schenkt Wertschätzung, Vertrautheit. Es ist lebensnötig, einen guten Ruf, einen guten Namen zu haben. Das erhebt uns immer wieder neu, lässt wachsen und reifen zu einem ganzen Menschen.
Sollen unsere Kinder lebensfrohe Menschen werden, benötigen sie den guten Klang ihres Namens im Ohr, zugesagt von Menschen, die ihnen vertrauen.
Für Erziehende wird sich so immer wieder neu die Überlegung stellen: Wie lasse ich im Anruf etwas von Eigenwürde, Größe und Wertschätzung für den Angerufenen mitschwingen? Kann das gerufene Kind spüren, dass es gewollt, anerkannt und geliebt ist?
In einer Kindergruppe bedarf es der Einübung und Erinnerung eines guten Rufens untereinander.

EINHEIT

Wir versammeln uns im Nennen unserer Namen

❍ Die Kinder sitzen im Kreis versammelt.

❍ Wir schauen uns an: Wer ist heute mit dabei?
Ich schaue meinen rechten und linken Nachbarn bewusst an.
Kenne ich sie? Was weiß ich von ihnen?
Kenne ich ihre Namen?

❍ Wir schauen uns im Kreis um. Unser Blick geht von einem zum andern - rundherum.
Dabei überlegen wir: Wen kenne ich gut – wen weniger gut?
Von wem weiß ich den Namen? Wen kenne ich nicht mit Namen?

❍ Die Erzieherin nimmt einen goldenen Reifen zur Hand, trägt ihn waagerecht vor sich zu einem Kind, nennt es beim Namen.
Dieses darf mit an den Reifen fassen.

❍ Dabei singen wir:

Text u. Melodie: Hanni Neubauer

❍ Das beim Namen genannte Kind geht zu einem anderen Kind, nennt es ebenfalls beim Namen. So setzt sich das Spiel fort.

❍ Alle, die mit ihrem Namen erkannt und genannt wurden, fassen den Reifen. Sie legen ihn in der Mitte des Kreises ab.

❍ Sie drehen sich um, schauen evt. die Kinder an, deren Name nicht gekannt oder genannt wurde. Eines nach dem anderen wird nach dem Namen gefragt und so noch in den Innenkreis geholt.

❍ Sind alle beisammen, drehen wir uns einander zu. Die Erzieherin deutet: Wenn ich jemanden beim Namen nennen kann, dann weiß er sich willkommen und angenommen. Dann spürt er, ich bin gemeint. Er weiß sich hineingenommen in eine Gemeinschaft, in eine Gruppe. Er traut sich, dem rechten und linken Nachbarn die Hand zu geben.

❍ Alle reichen sich die Hände.
Wie gut, dass wir uns beim Namen nennen dürfen!
Wie gut, dass wir zusammengehören.

❍ So dürfen wir singen:
Wir kennen unsre Namen. Wir schau'n uns ins Gesicht.
Wir wünschen uns viel Freude. Wir wünschen uns viel Licht.

Wir rufen uns beim Namen, schenken uns Wertschätzung

Zur Vorbereitung haben wir unsere Vornamen auf kleine Kärtchen geschrieben. Bei einer Vorschulkindergruppe muss dies von der Leiterin vorbereitet werden. Jeder hat sein Namenskärtchen vor sich liegen.

❍ Die Erzieherin nimmt Beziehung zu jedem einzelnen Kind im Kreis auf. Es wird leise beim Namen gerufen, evt mit einem leisen Cymbelton. Es darf in den goldenen Reifen treten. Dies kann mit einem Lied geschehen:

Text u. Melodie: Hanni Neubauer

❍ Als Zeichen der Wertschätzung legt die Erzieherin für jedes Kind auf den goldenen Reifen einen roten Glasstein.
Das gerufene Kind legt dazu sein Namenskärtchen an den Innenrand des Reifens.

❍ So wird jedes Kind im Kreis in die Mitte gerufen und gewürdigt.

❍ Wir überlegen:
Wer hat mich schon oft beim Namen gerufen?
Von wem lasse ich mich gerne rufen?
Wie klingt das, wenn mich jemand ruft, der mich mag?
Wir schließen einen Moment die Augen und spüren und horchen diesem Rufen nach.

Wir öffnen die Augen wieder, schauen uns im Kreise um. Wen rufe ich gerne beim Namen?
Kann ich den Namen so leise sagen, dass ihn außer mir niemand hört?

Wir grüßen uns mit Namen

❍ Gegenseitig rufen wir unsere Namen, indem wir uns mit dem Namen begrüßen, eventuell wiederum mit einem Liedruf:

Text u. Melodie: Hanni Neubauer

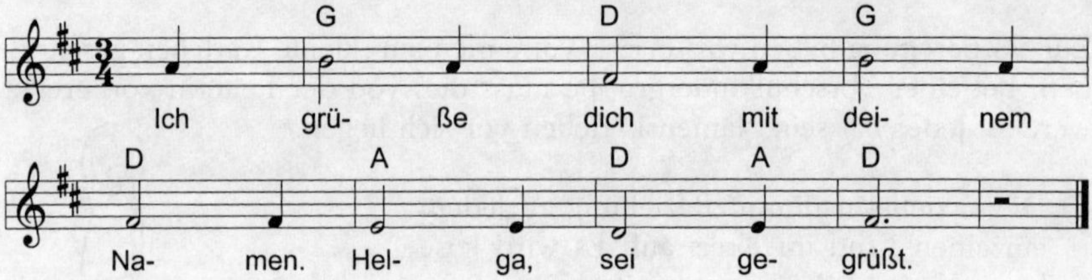

❍ Dabei geht jeweils ein Kind auf das andere zu, reicht ihm die Hand.
Der Name kann geklatscht werden.
Dann verbeugen wir uns voreinander.

Wir hören Gottes Wort und beten

❍ Die Erzieherin entzündet ein Licht. Es wird als Zeichen für Gott gedeutet. Es wird im Kreis getragen, jeder wird vom Licht angeleuchtet. Dabei kann nochmals der Name jedes einzelnen genannt werden.

❍ Das Licht wird in der Mitte des Reifens abgestellt.

❍ Die Erzieherin deutet:
Wir alle haben einen Namen.
Er ist uns von unseren Eltern gegeben worden.
Sie haben uns immer wieder beim Namen gerufen.
Auch viele andere Menschen, Freunde und Bekannte
sagen DU zu uns, DU … ich mag dich.
Das tut gut. Das ist schön.
Das Licht in unserer Mitte erzählt uns von Gott.
Er kennt uns von Anfang unseres Lebens an.
Er hat uns ins Leben gerufen
durch die Liebe unserer Eltern.
Zu Gott wollen wir beten:

Gott!
Auch du hast einen Namen.
Er ist wunderbar.
Er heißt, ich bin immer bei euch da.
Du bist da in unserem Herzen.
Du kennst jeden von uns beim Namen.
Noch ehe wir im Leib der Mutter geworden sind,
kanntest du uns.
Du liebst uns.
Das macht uns von Herzen froh.
Wir danken Dir, unserem Gott. Amen.

WIR FEIERN NAMENSTAG

ÜBERLEGUNGEN

In den meisten Familien und Kindergärten ist es üblich, den Geburtstag eines Kindes zu feiern. Sicher wird eine Namenstagsfeier in ähnlicher Weise verlaufen: Wir nehmen den Feiernden in die Mitte, lassen ihn hoch leben – so wird ihm Wertschätzung zuteil.
Doch kann sich das Feiern eines Namenstages auch im Gedenken an den Namenspatron zeigen. War er es doch, der einem Menschen vorgestellt wurde und ihn ermutigen soll, im Schauen auf seine Größe den eigenen Lebensweg zu gehen. So feiern wir rückschauend ein Vorbild, mehr aber noch einen Menschen hier und jetzt, in seiner eigenen Wesensart und Einmaligkeit, in seiner Würde, Freiheit und Verantwortung, eben unser Namenstagkind.

In der Vorbereitung zu einer Namenstagsfeier im Kindergarten wird die Erzieherin, wenn möglich, ein Bild und Informationen aus der Lebensgeschichte des Namenspatrons zusammentragen. Es gibt Bücher über Namenspatrone und Heiligengeschichten. Manchmal können die Kinder etwas von zu Hause mitbringen. Evtl. sind es auch Bilder von Vorfahren (Oma, Opa, Paten usw.), die den gleichen Namen tragen.

Es ist gut, anzuregen, die Taufkerze für diesen Tag mitzubringen. Ein schön geschriebenes Namensschild liegt bereit. Der Name kann schön verziert auf eine Kachel oder auf bunten Karton geschrieben werden. Das mag zugleich das Namenstagsgeschenk für das Kind sein.
Vielleicht ist es möglich, einen Namenstagskalender zu gestalten. Vorbereitet von der Erzieherin, können dann von den Kindern Photos, evt. von der Taufe, dazugeklebt werden. Wenn das Kind schon seinen eigenen Namen schreiben kann, sollte dafür Platz sein.
Wird der Kalender in die Nähe des Kreuzes gebracht, kann dies die vertrauensvolle Verbindung zu Gott hin beim Kind stärken.

EINHEIT

Wir bereiten vor

❍ Bevor die Feier beginnt, können ein paar Kinder (Freunde und Freundinnen des Namenstagskindes) einen Platz bereiten und schmücken. Um eine schöne, runde Decke legen sie, je nach Jahreszeit, grüne Zweige, bunte Blätter oder sie schmücken den Platz mit vorhandenem Legematerial.

Wir versammeln uns

- Zur Feier versammeln sich die Kinder im Stuhlkreis um den schön geschmückten Platz.
- Das Namenstagskind darf mit einem Freund vor der Türe warten.
- Wir rufen es mit einem Cymbelton oder einer Melodie auf dem Glockenspiel oder Xylophon in den Kreis.
- Wir singen ihm ein Lied:

Text u. Melodie: Hanni Neubauer

Wir feiern das Namenstagskind

- Das gefeierte Kind darf alleine oder von einem Freund geführt im Kreis herumgehen. Es setzt sich auf den für es bereiteten Platz nieder.
- Ein Namensschild (auf schönen Karton geschrieben oder auf eine Kachel gemalt und verziert) ist in Goldpapier eingeschlagen. Mit einem Cymbelton darf das Namenstagskind das goldene Päckchen in Empfang nehmen und entdecken.
- Wir singen ihm nochmals unser Namenstagslied zu.

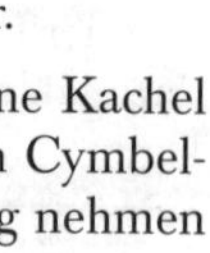

Wir erzählen vom Namen und Namenspatron

- Wenn das Namenstagskind wieder im Stuhlkeis sitzt, erzählt die Erzieherin von der Bedeutung des Namens, vom Namenspatron des Kindes. Ist ein Bild vorhanden, darf das Namenstagskind es zum Namen in die Mitte legen.
- Wenn Zusammenhänge über die Namensgebung bekannt sind, kann das Kind erzählen: Mein Opa hat den gleichen Namen. Meine Eltern haben mir diesen Namen gegeben, weil …

❍ Wir denken an die Menschen, die diesen Namen tragen und die wir kennen. Wir gratulieren ihnen mit unserem Lied: „Wir feiern heute Namenstag ..."

Wir denken an unsere Taufe

❍ Hat das Kind seine Taufkerze mitgebracht, wird sie entzündet. (Vielleicht traut sich das Kind, sie selbst anzuzünden.) Ansonsten zünden wir eine schöne Kerze an, die uns an Gott erinnert.
Das Namenstagskind hält die Kerze.

❍ Die Erzieherin erzählt:
Bei deiner Taufe sind die Eltern gefragt worden: „Welchen Namen wollt ihr eurem Kind geben?"
Sie haben sich den schönsten Namen ausgedacht – den Namen, mit dem sie dich immer rufen wollen.
Sie haben gesagt, auf diesen Namen soll unser Kind getauft werden.
Mit diesem Namen soll es auch von Gott gerufen werden.
Sie haben dich Gott anvertraut – zu ihm gesagt:
Gott, schütze unser Kind, lass es ein guter Mensch werden nach dem Vorbild seines Namenspatrons …
Gott hat sicher gesagt: „Das ist mein geliebtes Kind!"
So bist du auf den Namen Gottes getauft worden:
„Im Namen des Vaters und des Sohnes und des Heiligen Geistes."
Dein Vater durfte deine Taufkerze an der Osterkerze anzünden.
So soll dir das Licht, die Freude und das Leben von Gott immer nahe sein.

An jedem Namenstag dürfen wir auch an unseren Tauftag denken, weil uns da Gott beim Namen gerufen hat, weil wir auch den Namen von Jesus Christus tragen. Wir sind Christen geworden.

Wir danken Gott und beten:

Wir feiern heute den Namenstag von …
Danke guter Gott, dass unsere Eltern uns einen Namen gegeben haben.
Danke, dass du uns kennst und nicht alleine lässt.
Danke, dass … unter uns ist.
Er ist einmalig auf dieser Welt.
Beschütze ihn und uns alle. Amen

„DER NAME DER JUNGFRAU WAR MARIA“

ÜBERLEGUNGEN

Mancher Leser wird sich denken, warum so viele Vorübungen und Überlegungen nötig sind, die um den eigenen Namen kreisen, bis wir endlich zum eigentlichen Thema „Maria“ kommen.
Mir ist es während des Schreibens zu diesem Heft immer deutlicher geworden, wie wichtig ein verständnisvoller Zugang zu einem Thema ist – wie notwendig zugleich, um bei einem Thema (egal welcher Art) persönlich angesprochen zu sein. Und ich bin lange um diese Vorüberlegungen gekreist, bis sich mir das Tor eröffnet hat.
So vieles ist von Maria gesagt und geschrieben worden. „Ich sehe dich in tausend Bildern“ hat schon Novalis gesagt. Maria steht da als die viel Gepriesene, hoch Gelobte, einzigartig Begnadete. Das macht uns den Zugang zu ihrer Person, zu ihrem Leben nicht leichter. Vielleicht wird sie gerade dadurch in eine unnahbare Ferne gerückt. Diese Größe scheint uns unerreichbar und somit haben ihr Bild, ihr Leben mit dem eigenen Leben nichts mehr zu tun. Doch das kann nicht der Sinn eines Vorbildes sein. Vielmehr will es mir sagen, dass ich, diesem Bilde gleich, mein Leben nachbilden kann. Die Frage ist also, was ist uns, mir persönlich, durch die Person, das Leben dieser Frau gesagt. Wo bin ich in gleicher Weise angesprochen – wie und wo bin ich beim Namen gerufen?
Durch all die Vorübungen soll mir zunächst meine eigene Wertigkeit bewusst werden. Sie ist mir, uns allen zugesagt. Ins Leben, beim Namen gerufen, das war zuallererst Begegnung mit dem lebendigen Gott, für jeden auf ganz persönliche Weise. Was an Maria geschehen ist, kann auch an mir geschehen – mir einmalig zugesprochen werden.
Sicher kann ich an Maria abschauen, wie sie mit dieser Zusage umgegangen ist, wie empfänglich, bereit und offen sie für Gottes Botschaft war – wie sie glaubend und vertrauend Gottes Wort in ihrem Herzen bewegt hat. Wenn ich glaube, dass auch mich der Gruß Gottes erreicht, auch mir Gnade zuteil wird, kann ich wie Maria sprechen: „Mir geschehe nach deinem Wort!“ Dieses Glaubensbekenntnis Marias kann auch meines werden.

Beim Evangelisten Lukas (Lk1,27b) hören wir das erste Mal den Namen „Maria“: „Der Name der Jungfrau war Maria“.
Bevor Maria in die Geschichte Gottes eintritt, wird uns ihr Name genannt. Mit ihrem Namen wird sie uns vorgestellt. Darin spiegelt sich alles, was ihr Leben ausdrückt, das ganze Lebensprogramm wird darin kund.
Oft ist die Bedeutung ihres Namens studiert worden, viele Deutungsversuche gibt es. Maria - Mirjam, wie sie im Hebräischen heißt, ist übersetzt worden mit „von Gott Geliebte“ „Stern des Meeres“. Aber auch eine andere Rich-

tung klingt in den Deutungsversuchen auf: Marjam, mirjam = „das Bittere der Zeit tragen“ „Meer der Bitterkeit und Trauer“. Im ersten Moment scheint es, dass diese Deutungen sich widersprechen. Doch schauen wir in das Leben Marias hinein, finden wir beide Richtungen wieder. Und das „Bittere der Zeit tragen“ kann wohl nur jemand, der sich von Gott geliebt weiß und glaubt, dass Gott hilft, alles Schwere durchzutragen.
So trifft diese Deutung, von Gott geliebt zu sein, wohl am Umfassendsten, in vollkommener Weise zu. In einem Satz aus dem Johannesbrief (1Joh 4,16b) kann es uns deutlich werden. „Gott ist die Liebe, und wer in der Liebe bleibt, bleibt in Gott, und Gott bleibt in ihm“.

Die erste Begegnung dieser „Liebesbeziehung“ wird uns in der Verkündigungsgeschichte geschildert: Gerufen – erkannt – begrüßt – mit einer Aufgabe vertraut gemacht – und so in Freiheit gewürdigt und geschätzt – begnadet! Was noch störend dazwischen steht, die Furcht, dass Gott den ganzen Menschen will, wird genommen. „Fürchte dich nicht, Maria; denn du hast bei Gott Gnade gefunden!“ „Furcht gibt es in der Liebe nicht, sondern die vollkommene Liebe vertreibt die Furcht“. (Joh 4,18)

Wenn wir unseren Kindern von Maria erzählen, mit ihrem Namen die von „Gott Geliebte“ vorstellen, so mag, in der Verbindung zum eigenen Namen, die Liebe Gottes für jeden von uns deutlich werden.

1. EINHEIT – DER NAME MARIA

Wir versammeln uns

Zu den Vorübungen, die um unseren Namen kreisen, ist ein Bild entstanden: Ein goldener Reifen, geschmückt mit roten Glasmuggelsteinen und unseren Namenskärtchen rundherum.
Dahinein entdecken und schauen wir nun auch den Namen und das Bild Marias.
So kann im Gesamtbild deutlich werden: Was uns zuteil geworden ist, geschieht auch an Maria und umgekehrt.

- ❍ Wir betrachten das Mittebild. Wir lassen unsere Augen nochmals um das Rund des Reifens wandern, schauen die roten Steine und unsere Namen an.
- ❍ Wir verbinden mit den Namen die Personen, die im Kreis sind, fassen uns an den Händen. Wir wissen uns begrüßt und wertgeschätzt. So dürfen wir da sein.
- ❍ Wir können singen:

Text u. Melodie: Hanni Neubauer

Wir entdecken einen Namen

❍ Der Name „MARIA" ist mit großen, schönen Buchstaben auf Karton oder eine Holzplatte geschrieben. Dieses Namensschild ist in ein gelbes Tuch gehüllt. Wir bringen es verdeckt in den Kreis und tragen es rund.

❍ Das Namensschild wird in die Mitte des Kreises gelegt.

❍ Wir entdecken es gemeinsam und runden das gelbe Tuch in den Reifen hinein.

❍ Wir lesen den Namen, sprechen ihn miteinander, klatschen die Silben.

❍ Wir überlegen, was wir über die Frau wissen, die diesen Namen trägt. Wir erzählen die uns bekannten Geschichten.

❍ Wir überlegen, was der Name „Maria" bedeuten könnte. Was bedeutet er für mich?

❍ Wir hören, wie der Name gedeutet wird.

L. erzählt:
Maria heißt auf hebräisch Mirjam.
Manche haben versucht, den Namen zu übersetzen.
„Meer der Bitterkeit und Trauer" oder „Das Bittere der Zeit tragen".
Andere haben gesagt, Mirjam heißt: „Perle des Meeres" oder „Die von Gott Geliebte".

❍ Wir überlegen, welchen Lebensgeschichten von Maria wir diese Deutungen zuordnen können.

Wir schauen ein Bild

❍ Wir bringen ein Marienbild in die Mitte, gehen damit um. Es sollte ein Bild ohne das Jesuskind sein (siehe Bildermappe zum Heft).

❍ Wir grüßen Maria mit unserem Lied:

Text u. Melodie: Hanni Neubauer

❍ Wir legen das Bild zum Namensschild in die Mitte des Kreises. Weil ein Wort des Grußes so viel bedeutet wie: „Du darfst dich freuen!“, darum singen wir:

Text u. Melodie: Hanni Neubauer

❍ Bei der mehrmaligen Wiederholung des Liedes legt jedes Kind als Zeichen des Grußes und der Wertschätzung zwei oder drei Goldteile am Rand des Reifens ab. Wir können uns dabei verneigen, wie wir es bei einer Begrüßung tun.

2. EINHEIT – DER ENGEL GRÜSST MARIA – VERKÜNDIGUNGSGESCHICHTE

Erzählung

❍ Es schließt sich die Verkündigungsgeschichte an. (Lk 1,26–28) Sie ist schon des Öfteren aufgeschrieben worden. (Siehe RPP 1982/4–21, RPP 1990/4–19, RPP 1991/3–46, 2000/4–41)

Hier soll bei der Erzählung der Schwerpunkt und Zugang über die Wertschätzung durch die Namensnennung und Begrüßung erfolgen.

Maria – Mirjam ist eine junge Frau.
Sie lebt im Lande Israel, in der Stadt Nazareth.
Sie ist verlobt mit einem Mann, namens Josef.
Maria und Josef haben einander ihre Liebe versprochen.
Oft nennen sie sich beim Namen.
Manchmal rufen sie sich den Namen laut und deutlich zu,
manchmal flüstern sie ihn sich leise und zärtlich ins Ohr.
Dabei spüren sie die ganze Liebe und Zuneigung füreinander.
Sie schauen sich in die Augen und sagen sich mit dem Namen:
„Du, ich mag dich!" „Du bist mir ganz wichtig!"
„Du bist für mich ganz wertvoll!"
Wie oft haben sie einander schon begrüßt?
Manchmal mit einem festen Händedruck.
Ein andermal mit einer zärtlichen Umarmung.
Mit jedem Gruß ist Freude aufgekommen.
„Du darfst dich freuen!" hat das geheißen.
Sie haben gespürt, wie schön es ist, wenn sie einander begegnen dürfen.
In ihrem Herzen ist es hell und froh geworden.
Maria und Josef, beide glauben auch an Gott, an seine Liebe,
an seine Nähe und Freundschaft.
Beide hoffen auf die Befreiung und Rettung des Volkes Israel,
wie es in den alten Schriften vorausgesagt ist.
Sie beten zu Gott:
„Schicke uns den Retter, den Erlöser, den Heiland. Gott befreie uns!"
Maria spürt die Liebe Gottes.
Sie weiß sich von Gott beim Namen gerufen.
Sie weiß sich in Gott geborgen.
Sie glaubt: Was Gott versprochen hat, das wird er auch halten.
So wird sie ganz still.
Sie will hören, was Gott ihr sagt.

❍ L stellt eine brennende Kerze in die Mitte zum Marienbild.

Da kommt zu Maria ein Bote Gottes, ein Engel.
Er tritt bei ihr ein.
Maria ist umgeben und erfüllt von Gottes Licht.
Der Engel grüßt Maria:
„Sei gegrüßt, Maria, du bist voll der Gnade. Der Herr ist mit dir."

❍ Wir grüßen Maria und singen:

Text u. Melodie: Hanni Neubauer

Maria erschickt.
So hat sie noch niemand begrüßt.
Was soll dieser Gruß bedeuten?
Was ist es um das Licht? Was will Gott von ihr?
Der Engel sagt:
„Fürchte dich nicht, Maria! Gott schaut in Liebe auf dich.
Dein Name ist bei Gott nicht vergessen.
Du hast bei ihm Gnade gefunden. Du bist von Gott gesegnet."

❍ Wir wiederholen das Lied:
Ich grüße dich, du Gnadenvolle, Maria sei gegrüßt.

Maria spürt: Da wo Gott einen Menschen anschaut und anspricht,
ist immer Liebe im Spiel.
Da hat die Furcht, die Angst keinen Platz!
Gottes Liebe ist der Grund jeder Begegnung.
Der Engel spricht weiter: „Maria , du wirst ein Kind empfangen.
Du sollst Mutter werden.
Das Kind soll Jesus heißen.
Es ist Gottes Sohn.
Du sollst Mutter Jesu – Mutter Gottes werden.
Gott will in dir, bei dir wohnen.
Du sollst dieses Kind empfangen, tragen und bergen,
behüten und schützen, für es sorgen und es pflegen.
Du sollst diesem Kind die ganze Liebe schenken, die du von Gott empfangen hast.
Bist du bereit?"

Noch sind Maria die Pläne Gottes nicht klar.
Noch sind ihre Gedanken allzu menschlich.
„Wie soll das geschehen?" fragt sie den Engel.
„Mit Josef bin ich noch nicht zusammen."
Wiederum spricht der Engel Gottes zu ihr:
„Gottes Kraft, sein Licht, seine Liebe – sein heiliger Geist wird dich erfüllen.
Deshalb wird das Kind heilig, Gottes Kind – Gottes Sohn heissen.
Er wird der Erlöser, der Retter, der Heiland sein,

der, um den du und dein Volk so lange gebetet haben.
Bei Gott ist kein Ding unmöglich."
Maria ist ganz offen und bereit.
Sie sagt: „JA, mir geschehe, wie du es gesagt hast."

❍ Wir sind einen Moment ganz still, schauen das Bild und den Namen Marias, dazu unseren eigenen Namen.
Wir können dabei unsere Hände wie zu einer Schale öffnen.
Jeder kann still für sich das Wort Marias hineinsprechen:
„Ja, mir geschehe, wie du es gesagt hast."

❍ Wir können ein Verkündigungslied singen.
– Gott ist ganz leise, RPP 1982/4–24
– Maria, sei gegrüßt, RPP 1985/4–28
– Ich grüße dich, Maria, RPP 1985/1–31

Wir schmücken die Namensbilder und beten

❍ Jedes Kind bekommt ein Kärtchen mit dem Namen „MARIA" und ein weiteres Kärtchen mit dem eigenen Namen. Es darf vor sich auf einem gelben Tuch oder einer gelben Serviette beide Namen schmücken.

❍ Wir versammeln uns noch einmal um unsere Bilder und beten den ersten Teil des Mariengebetes. Bei kleineren Kindern kann der Begriff „gebenedeit" ersetzt werden mit „gesegnet".

Gegrüßet seist du, Maria.
Der Herr ist mit dir.
Du bist gesegnet unter den Frauen.
Und gesegnet ist die Frucht deines Leibes,
Jesus.

DIE MUTTER MARIA

VORÜBERLEGUNGEN

Mutter – Mama – Mam – ganz gleich, wie wir sagen, dieses Wort fängt in allen indogermanischen Sprachen mit dem Laut „M“ an. Es ist der erste Laut, den ein Kind sprechen kann.
„Mmm“ sagt es auch, wenn etwas besonders gut schmeckt. Es ist wohl eine Art Urlaut.
Zeigt das nicht Zusammenhänge auf zu dem, was wir bei der Mutter als Urbild entdecken?

Sie steht ebenfalls am Anfang unseres Lebens. Sie ist die Nährende, also gleichsam auch das Beste, das Wohlschmeckendste, was uns in unserem Leben geschenkt wird.
In dem Wort „Mutter“ steckt wohl alle Sehnsucht des Menschen nach Verstanden- und Umfangenwerden, nach Geborgen- und Getröstetsein.

Viele Gedanken und Überlegungen über Mutterschaft und Mütterlichkeit sind schon im Heft 1982/4 gemacht worden. Hier möchte ich nur kurz auf den Zugang zu diesem Thema eingehen. Von Erderfahrungen gehen wir aus. Sie führen uns in die Offenheit und Empfänglichkeit alles Mütterlichen. „Mutter Erde“ sagen wir. Mütterlich birgt und trägt sie das Leben. Sie gebiert es, lässt es wachsen und reifen. Sie nährt und stärkt. Alles Eigenschaften, die einer Mutter zugesagt werden.

Im Mai, wenn die Mutter Erde das neue Leben in voller Kraft und Blüte aufzeigt, denken wir in ganz besonderer Weise an unsere eigene Mutter, an die Mutterschaft überhaupt. Vieles haben die Mütter gemeinsam mit der Mutter Erde. Sie sind in besonderem Maße Teil dieser Erde. Sie tragen und halten ebenfalls das Leben, sie nähren, schützen, bergen es und lassen es wachsen. Neues Leben will durch sie hindurch zur Entfaltung kommen.
In der Zeit, in der die Erde neues Leben geboren hat, feiern wir unsere Mütter, die uns geboren haben. Jeder Mensch ist nicht aus sich selbst geworden, hat sich nicht selber geschaffen, sondern wurde geboren aus einer Frau. Jeder darf sich verdankt wissen.

Aus all diesen Gedanken heraus wird im Monat Mai in besonderer Weise auch Maria, als Mutter Jesu, gefeiert. Wir feiern sie vor allem, weil sie Ja gesagt hat zum Leben, das Gott schenkt. Sie hat das Wort Gottes gehört und den Willen Gottes getan. In ihrem gläubigen Ja spiegelt sich die Mütterlichkeit. Dieses Ja, aus einem liebenden Herzen gesprochen, entfaltet Leben, lässt erblühen.

1. EINHEIT – WIR SCHAUEN DIE MUTTER ERDE IM FRÜHLING

Wir entdecken Erde

❍ Eine Schale, mit Erde gefüllt, ist in ein braunes Tuch gehüllt.
Wir bringen sie in den Kreis, tragen sie im Kreis.
Dies kann von ein paar Kindern vollzogen werden.
Evtl. können wir die Schale auch von Hand zu Hand geben, ihre Form und Beschaffenheit erspüren.
Wir tasten uns so allmählich an das Geheimnis heran.

❍ Die Schale wird in der Mitte des Kreises abgestellt. Wir decken sie auf.

❍ Wir treten mit der Erde in unserer Mitte in Beziehung.
Wir erspüren ihre Qualität: Sie ist weich, locker, feucht, krümelig …
Wir können sie riechen …
Wir schauen, wie sie still und ruhig ausgebreitet vor uns liegt und entdecken damit ihre Bereitschaft, etwas aufzunehmen, zu empfangen.
Mit unseren Händen, mit unserem ganzen Körper zeigen wir die Haltungen der Offenheit und Bereitschaft.
Wie können wir zeigen, wenn wir empfangsbereit sind?

Worauf wartet die Erde? Was empfängt sie?

❍ Wir spielen mit unseren Händen die Antworten.
Eine Hand zeigt mit der offenen Handschale die Bereitschaft.
Mit der anderen Hand spielen wir, was die Erde aufnimmt und empfängt.
Dazu können wir sprechen oder singen:

– Die Erde wartet auf Samen. Samen fällt in die Erde hinein.
– Die Erde wartet auf Regen. Regen dringt in die Erde ein.
– Die Erde wartet auf Sonne. Sonnenschein dringt in die Erde ein.
– Die Erde braucht Wind und Luft. Die Erde, sie atmet tief ein.

❍ Wir bedenken: Nur, wenn all diese Lebensbedingungen zusammenwirken, kann Leben entstehen.

Wir betrachten und spielen Samenkörner

❍ Wir zeigen mit unseren Händen noch einmal die Bereitschaft und öffnen sie zur Handschale. Wir schließen die Augen und warten, was wir empfangen.

❍ L legt jedem ein Samenkorn in die Hände. Wenn wir die Berührung spüren, öffnen wir die Augen.

❍ Wir schauen den Samen.

Wir empfinden und besprechen seine Qualität: dürr, trocken, klein, hart, wie abgestorben.

❍ Wir achten auf unser Samenkorn, tragen es vorsichtig und behutsam durch den Raum.
Dabei singen wir:

Text u. Melodie: Hanni Neubauer

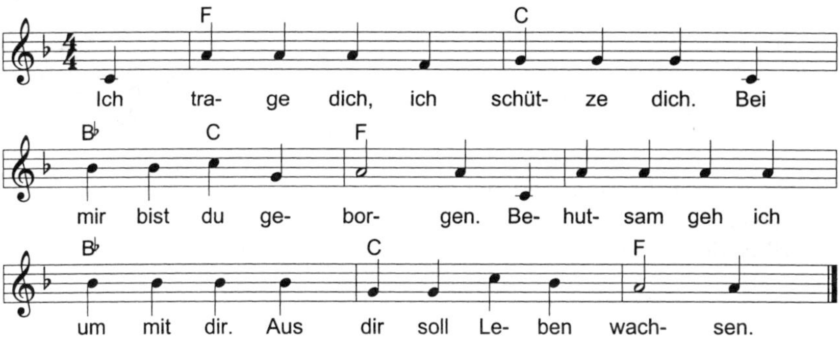

❍ Wir säen die Samen in die Erde ein.
In der nachfolgenden Zeit werden die Kinder angeregt,
für die ausgesäten Samenkörner zu sorgen,
ihnen die Lebensbedingungen von Wasser, Luft und Licht zu geben.
Wir beobachten das Wachsen und Werden.

Wir träumen vom Frühling, von einer Blumenwiese

❍ In der Zeit des Wartens träumen wir dem Kommenden entgegen.
Wir schließen die Augen und erschauen in uns, was der Frühling uns an neuem Leben schenken will.
Ein Glockenspiel kann das Träumen begleiten.

Die Erde ist ganz still. Sie wartet.
Sie empfängt Samenkörner, Kerne, Blumenzwiebel …
Lange Zeit vergeht.

Dann regt sich das Leben in der Erde.
Es will wachsen.
Es will ans Licht kommen, aufbrechen.
Das Gras wächst, die Blumen blühen.
Die Knospen springen auf …

❍ Mit unseren Händen können wir zeigen, wie die Gräser wachsen, die Blumen erblühen, die Bäume groß werden.
Wir können das Wachsen auch mit unserem ganzen Leib spielen – wie aus einem ausgesäten Samenkorn neues Leben wächst und groß wird.
Der L begleitet dabei im Erzählen das Tun der Kinder.

Wir gestalten eine Blumenwiese

❍ Was wir in unserer Vorstellung, in unseren Träumen erschaut haben, gestalten wir um die Erdschale.
Dabei legen wir zuerst grüne Tücher rund um die Schale.
Darauf kann jedes Kind seine erträumte Blume gestalten.

❍ Wenn es die Jahreszeit erlaubt, können wir auch eine Vase mit Gräsern und Blumen zur Erdschale stellen.

❍ Wir singen:

Text u. Melodie: Franz Kett

Wir danken Gott für das Leben

❍ Wir entzünden eine Kerze, deuten sie als Zeichen für Gottes Licht, geben sie von Hand zu Hand und bringen sie dann in die Mitte.

❍ Wir beten:

Gott, wir loben dich für alles Leben.
Wir danken dir für die Erde.
Sie ist wie eine gute Mutter,
die immer neues Leben schenkt.
Sie bringt Gräser hervor, zart und fein.
Sie schenkt uns Blumen in großer Pracht.
Sie trägt und nährt die Bäume und ihre Früchte.
Sie trägt auch uns und schenkt uns,
was wir zum Leben brauchen.
Gott, wir loben dich und danken dir. Amen.

2. EINHEIT – WIR DENKEN AN UNSERE MUTTER, UNSER ERSTES ZUHAUSE

Wir gestalten ein Haus

❍ Die Erdschale wird aus dem Bild herausgenommen.
An ihre Stelle wird mitten in die Blumenwiese mit einem gelben Tuch ein Haus gelegt.

❍ Wir spielen gestenhaft, was wir am Haus entdecken:

- Die Mauer, den Wohnraum und damit Lebensraum und Geborgenheit
- Das Dach, das schützt und bewahrt
- Die Türe, die wir öffnen können, um einen Besuch zu erwarten, die wir auch schließen können, um für uns zu sein.

❍ Wir gestalten aus roten Chiffontüchern in das Haus ein Herz hinein.

❍ Wir erzählen, dass es in einem Haus leer und einsam ist, wenn nicht Menschen darin wohnen, die es gut mit uns meinen, die ein Herz für uns haben und uns ein gutes Zuhause schenken.

❍ Wir erzählen von unserem ersten Zuhause im Leib unserer Mutter.
Sie hat uns empfangen.
In diesem Hause waren wir beschützt und geborgen.
Sie hat uns getragen und umfangen.

❍ Anhand eines kleinen Strickpüppchens können wir zeigen, wie das Leben getragen und gehalten wird.

Wir sind geboren worden

Wir sind im Leib der Mutter gewachsen, geboren worden.
Wir haben das Licht der Welt erblickt.
So konnten wir uns entfalten und werden,
so groß und selbständig, wie wir jetzt sind.
Wie mag es bei unserer Geburt gewesen sein?
Mit einem Schrei haben wir die Welt begrüßt.
Die Mutter wird uns in ihre Arme genommen, ans Herz gedrückt haben.
„Mein Kind“ hat sie vielleicht gesagt.
„Wie schön, dass du da bist, dass du geboren bist.
Ich bin von Herzen froh.“

❍ Wir singen das Begrüßungslied:

Text u. Melodie: Hanni Neubauer

Der Vater hat das Kind begrüßt …
Oma, Opa, Tanten und Onkel …
„Wie soll unser Kind heißen?
Welchen Namen geben wir unserem Kind?“ haben die Eltern gefragt.
Vielleicht haben sie in der Familienchronik nachgeschaut:
Welchen Namen haben unsere Verwandten, Großeltern?
Welche schönen Namen gibt es in der Bibel?
Was verbinden wir mit dem Namen?
Welcher Name gefällt uns?
An was, an wen erinnert uns der Name?
Soll es der Name eines Heiligen sein, der uns etwas bedeutet?
Wie möchten wir unser Kind rufen?
Welchen guten Wunsch legen wir mit dem Namen in unser Kind hinein?“
Viele Fragen haben sich aufgetan.
So wird sich manches vor und bei unserer Geburt abgespielt haben.

Wir danken unserer Mutter und Gott für das Leben

❍ Wir haben auf der Wiese Gänseblümchen gepflückt.
Während wir an unsere Mütter denken und für sie beten, legen bei jeder Bitte zwei bis drei Kinder ihr Gänseblümchen am Rande des Herzens ab.

❍ Wir dürfen danken für die Mütter dieser Welt.
Wir denken auch dankbar an unsere eigene Mutter.
Wir singen:

Text u. Melodie: Franz Kett

❍ Wir beten für alle Mütter dieser Erde, die ein Kind in sich tragen, dass sie zu ihrem Kind Ja sagen, dass sie ihr Kind lieben lernen und annehmen.

Lied: Danke für die Mutter …

❍ Wir beten für alle Großmütter, dass sie Verständnis haben und ein offenes Ohr für ihre erwachsenen Kinder und für ihre Enkel.

Lied: Danke für die Mutter …

❍ Wir wollen an all die Mütter denken, die Sorge haben um ihre Kinder, vielleicht, weil sie nicht wissen, wie sie ihre Kinder satt machen können, vielleicht, auch, weil ihre Kinder Wege gehen, die nicht gut sind für sie, dass Gott ihnen nahe ist in ihrer Sorge.

Lied: Danke für die Mutter …

❍ Wir wollen beten für alle Pflege- und Adoptivmütter, dass sie die Kinder bei sich aufnehmen und ihnen ein gutes Zuhause geben können.

Lied: Danke für die Mutter …

3. EINHEIT – WIR DENKEN AN DIE MUTTER MARIA – DIE MUTTER JESU

Wir schauen Maria in einem Bild

❍ Wir tragen ein Marienbild oder eine Marienfigur (Mutter mit Kind) um unser Mittebild und stellen es in die Mitte des Herzens hinein (siehe Titelblatt der Bildermappe zum Heft)

❍ Dazu können wir erzählen oder singen:

Text u. Melodie: Franz Kett

2. Ma-ri-a heißt die Mut-ter mit ei-nem wei-ten Her-zen
und Je-sus heißt ihr klei-nes Kind, ja, Je-sus heißt ihr Kind.
3. Ma-ri-a schaut mit Lie-be, sie schaut mit gro-ßer Lie-be
ihr Kind, das sie ge-bor-en hat, auf ihr klei-nes Kind.
4. Ma-ri-a woll'n wir grü-ßen, von Her-zen woll'n wir grü-ßen
Ma-ri-a und ihr klei-nes Kind, Ma-ri-a und Ihr Kind.
5. Ge-grüßt seist du, Ma-ri-a, Ma-ri-a voll der Gna-de.
Gott, der Herr, er ist mit dir, ja Gott, er ist mit dir.

Wir grüßen Maria

❍ Wir schauen Lebensstationen von Maria, der Mutter Jesu an.
Dabei können wir jeweils bei der Liedstrophe ein Licht entzünden und um das Marienbild stellen.

Maria – Mutter von Jesus.
Du hast JA gesagt zum Leben, zum Kind, das in dir gewachsen ist.
Du hast Jesus getragen 9 Monate in deinem Leibe.
Du hast dein Kind zu Elisabeth getragen. Sie hat sich mit dir gefreut.

Liedstrophe: Gegrüßet seist du, Maria …

Maria – Mutter von Jesus!
Du hast dein Kind geboren ganz arm in einem Stall in Bethlehem.
Du hast dein Kind ganz sicher auch ans Herz gedrückt
und ganz liebevoll seinen Namen gesagt:
„Jesus, mein Kind, wie freu ich mich, dass du geboren bist".
Du hast Jesus in Windeln gewickelt und in eine Krippe gelegt.

Lied: Gegrüßet seist du, Maria …

Maria – Mutter von Jesus.
Du hast dich mit den Hirten und den Weisen aus dem Morgenland
die zum Kind gekommen sind, gefreut.

Vielleicht hast du es ihnen froh in die Arme gelegt
und mit ihnen Gott gelobt und gedankt.

Lied: Gegrüßet seist du, Maria …

Maria – Mutter von Jesus.
Du hast dein Kind in den Tempel getragen,
um Gott für dieses Geschenk zu danken.
Du hast gespürt, Gott allein kann Leben
schenken und dieses Leben segnen.
Du hast gewusst, das Kind ist nicht dein Eigentum.
Und Simeon, der alte Mann im Tempel, hat um das Wunderbare dieses Kindes gewusst. Er hat dir auch gesagt, dass du viel Leid tragen musst.

Lied: Gegrüßet seist du, Maria …

Maria – Mutter von Jesus.
Du trägst dein Kind auf dem Arm, umfängst, umhüllst es, wärmst und schützt es. Auch dann, als du mit Josef und dem Kind nach Ägypten fliehen musst.
Du rettest dieses Kind ins Leben.

Lied: Gegrüßet seist du, Maria …

Maria – Mutter von Jesus.
Du hast, nach Nazareth zurückgekehrt,
für Jesus gesorgt, ihn genährt und gepflegt.
Du hast ihm sicher von Gott erzählt,
die alten Geschichten des Volkes.
Du hast mit ihm gebetet. So konnte er wachsen
und zunehmen an Weisheit und Kraft.

Lied: Gegrüßet seist du, Maria …

Maria – Mutter von Jesus.
Du hast Jesus mit Angst und Schmerzen gesucht.
Im Tempel, im Haus des Vaters hast du ihn gefunden.
In diesem Augenblick wirst du besonders gespürt haben:
Ich muss mein Kind loslassen, es überlassen – es gehört nicht mir.
Trotzdem bist du den Weg mit Jesus bis zum Ende mitgegangen.
Du warst ihm immer Mutter.

Lied: Gegrüßet seist du, Maria …

MARIA – MUTTER DES ERLÖSERS

ÜBERLEGUNGEN

Volksfrömmigkeit erzählt von sieben Schmerzen Marias. Die Vorstellung fußt auf der Weissagung des greisen Simeon an Maria: „Dir selbst aber wird ein Schwert durch deine Seele dringen". (Lk 2,35 b) Unter diesem Bild spannt sich ein Bogen über das Leben Marias als Mutter Jesu. Wir wollen ihm nachgehen.

„Dieser ist dazu bestimmt, dass in Israel viele durch ihn zu Fall kommen und viele aufgerichtet werden", „ein Zeichen, dem widersprochen wird" (Lk 2,34). Diese Aussage des Simeon über ihr Kind hat Maria schmerzlich erfahren müssen. Warum kann Maria diesen schweren Weg mit ihrem Kind mitgehen? Warum kann sie unter dem Kreuz stehen? Warum erlischt die Hoffnung nicht, auch dann nicht, als sie ihren toten Sohn auf ihrem Schoß trägt?

Simeon hat als erstes die Zusage getan, dass dieses Kind Heil für seine Augen, Licht für alle Völker und Herrlichkeit für das Volk Israel sein wird. Ob sich diese Hoffnung mit der Kundgabe des Engels paart: „Er wird groß sein und Sohn des Höchsten genannt werden ..."?
Ob Maria spürt, dass das Licht der Liebe Gottes, das Angeschaut- und Angerührt werden durch seine Gnade hilft, das Leben mütterlich durchzutragen?

Wir nennen Maria die Mutter der Schmerzen, die Mutter der Tränen und des Leidens. Als Mutter des Erlösers wird sie angerufen. Maria hat sich hineinnehmen lassen in die schweren, leidvollen Zusammenhänge der Erlösung. Durch ihren Sohn wird sie die Mutter aller Erlösten.

Wir können mit unseren Kindern den schweren Weg von Jesus und Maria mitgehen – jedoch nicht ohne die vertrauensvolle Grundlage im Glauben. Das Bild der Sonne ist in dieser Einheit die Basis, auf der wir die dunklen Geheimnisse des Lebens schauen lernen.
Maria, sie glaubt und traut Gott als dem Urgrund des Lichtes. „Selig, die du geglaubt hast", wird von ihr gesagt.
Unsere Kinder machen selbst leidvolle Erfahrungen. Wie gut, wenn wir ihnen einen Menschen vorstellen können, der hoffend den Weg durch die Dunkelheit gegangen ist. Solidarität in Maria finden und so sich solidarisch mit allen Leidenden zeigen können – das ist ein Weg, der Erlösung bringt!

1. EINHEIT – DIE SONNE SCHAUEN

Wir versammeln uns um eine Sonne

❍ Eine gelbe, runde Tischdecke wird uns zum Mittebild.

L bringt sie zusammengefaltet in den Kreis und legt sie in der Mitte ab.
Nacheinander darf jedes Kind einen Teil entfalten.
Dazu kann ein Cymbelton als Impulsgeber helfen.

❍ Wir schauen das gelbe Rund.
An was kann es uns erinnern?

❍ Wir lassen uns vom Bild der Sonne anregen und träumen:
Dabei schließen wir die Augen. L erzählt:

Noch ist es Nacht. Es ist dunkel und ganz still.

– Die Kinder verweilen in Stille.

Langsam geht die Nacht zu Ende.
Die Vögel wachen auf. Wir hören die ersten Vögel pfeifen.
Sie begrüßen den neuen Tag.
Am Horizont zeigt sich ein dünner, heller Streifen.
Die Sonne geht langsam auf.
Der Himmel erscheint in zarten Rottönen, es wird immer heller.
Dann zeigt sich der große Feuerball: zuerst ganz rot, dann größer und heller und noch größer; er wird gelb und strahlend.
Dann können wir die Sonne ganz rund sehen.
Hell und leuchtend steht sie am Himmel.
Sie schickt ihre Strahlen aus.

❍ L tritt in die Mitte zur „Sonne“. Sie schaut und strahlt ein Kind an, geht auf es zu, berührt es sacht und singt ihm zu.

Text u. Melodie: Hanni Neubauer

❍ Das betreffende Kind legt als Zeichen eine goldene Scheibe an den Rand der „Sonne“. Es darf einen weiteren „Sonnenstrahl“ ausschicken.

❍ Haben sich alle Kinder um das Sonnenrund versammelt, ist die Sonnenscheibe mit goldenen Plättchen geschmückt, werden wir miteinander zum runden Sonnenball. Wir reichen uns die Hände, erheben sie und lassen miteinander die Sonne aufgehen.

Wir denken an Menschen, die wie eine Sonne sind

❍ L greift nochmals auf die Sonne am Himmel zurück:

Wie froh ist die ganze Welt,
wenn nach langer Nacht die Sonne aufgeht.
Die Tiere erwachen. Die Blumen öffnen sich.
Wir Menschen spüren die Wärme.
Ihr Licht macht unser Gesicht hell und froh.
Wie gut, dass jeden Tag die Sonne neu aufgeht.
Wie schön, dass die Sonne am Himmel unser Leben hell macht.

❍ L erzählt von Menschen, die für uns wie Sonne sind:

Wie froh sind wir auch, dass Menschen wie Sonnenlicht unser Leben jeden Tag zum Leuchten bringen.
Wenn sie da sind, wird es uns warm ums Herz.

❍ Wir schließen einen Moment die Augen und denken an Menschen, die für uns wie Sonne sind.

❍ Wir denken auch an einen Menschen, der unsere „Sonne", unsere Wärme und Liebe braucht und schicken ihm einen Sonnenstrahl, wünschen ihm viel Freude und Licht.

❍ Wir singen dabei gemeinsam unser Lied: „Die Sonne schickt ihre Strahlen aus …" Den Namen können wir summen.

❍ Die Kinder gehen an ihre Plätze zurück.

❍ L erzählt von der Sonne, die uns Zeichen für Gott ist:

Die Sonne ist auch ein Zeichen für Gott,
und den, den uns Gott, der Vater, gesandt hat, Jesus.
Von Jesus sagen wir: Er ist Licht vom Lichte.

❍ Die Jesusikone wird in den Kreis gebracht, getragen und in der Mitte der Sonne abgelegt. In Jesus hat Gott uns sein Licht geschenkt. Dieses Licht macht hell unser Angesicht und unser Leben.

2. EINHEIT – EIN WEG DURCH DUNKELHEITEN

Wir schauen Dunkelheit und Nacht

❍ L führt die Gruppe in die Dunkelheit
  – Wir spielen mit den Händen das Aufgehen der Sonne und ihr Untergehen.

Die Nacht senkt sich herab.
Dunkelheit breitet sich aus.
Finsternis überdeckt alles.
Auch die Wege sind dunkel.

❍ Ein <u>erstes</u> gefaltetes schwarzes Tuch wird als WEG unterhalb der Ikone abgelegt.

Es gibt auch dunkle Lebenswege. Wenn Menschen solche Wege gehen müssen, ist es ihnen oft angst und bange. In ihrem Herzen ist es dunkel und traurig. Leid und Schmerz drücken sie nieder. Er, der von sich sagt: „Ich bin das Licht der Welt", Jesus, er geht selbst den dunklen Weg des Leidens, um Menschen durch die Nacht zum Licht zu führen.

Marias Weg mit Jesus

❍ Ein Bild von Maria (Sieben Schmerzen Marias – siehe Bildmappe) wird in den Kreis gebracht und auf den Weg gelegt. Maria, die Mutter Jesu geht den Weg ihres Kindes mit. Sie hat ihren Sohn von Herzen gern.

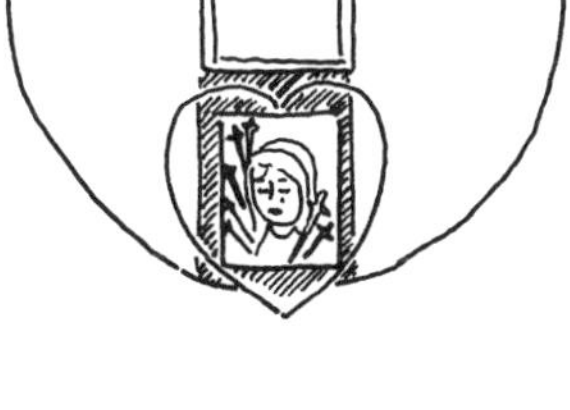

❍ L legt mit einer roten Kordel ein Herz um das Marienbild.

❍ Die Kinder schmücken mit roten Glassteinen die Herzform weiter aus.

Marias ganze Liebe gehört ihrem Kind. Jesus hat ihr Leben froh und hell werden lassen. Doch auch die schweren Stunden gibt es im Leben von Maria. Der alte Simeon hat es ihr vorausgesagt: „Deine Seele wird ein Schwert durchdringen." Er hat wohl gemeint, das Herz wird Maria schwer werden. Der Lebensweg wird auch schmerzvoll sein. Maria hat es erfahren. Sie muss bald nach der Geburt mit dem kleinen Jesus in ein fremdes Land, nach Ägypten fliehen, um ihr Kind vor dem Tod zu schützen. Der Weg ist für Maria dunkel und schwer.

❍ Wir singen:

Text: Franz Kett
Melodie: Hanni Neubauer

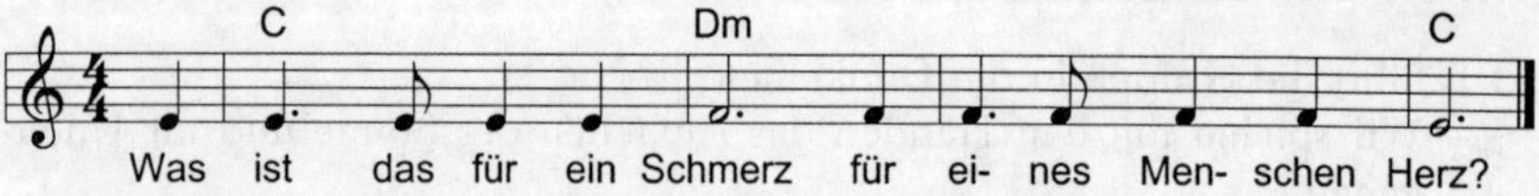

❍ Wir denken auch an Menschen in unserer Zeit:
Menschen sind heimatlos, verfolgt, fremd, einsam.
Solche Wege sind dunkel und schwer.

❍ Wir singen: Was ist das für ein Schmerz für eines Menschen Herz.

❍ Ein zweiter schwarzer WEG wird über der Ikone gelegt.

Als Jesus 12 Jahre alt war, hat Maria wieder erfahren müssen, dass der Weg mit Jesus auch schmerzvoll ist.
Josef und Maria waren mit Jesus in Jerusalem beim Paschafest. Nach dem Fest auf dem Nachhauseweg war Jesus nicht dabei. Unter den vielen Menschen haben sie ihn verloren und drei Tage lang gesucht. Als sie ihn im Tempel finden, mitten unter den Lehrern, sagt er zu ihnen: „Warum habt ihr mich gesucht. Wußtet ihr nicht, dass ich in dem sein muss, was meinem Vater gehört?"
Maria sagt zu Jesus: „Kind, warum hast du uns das angetan. Wir haben dich voller Angst gesucht." Der Weg ist für Maria dunkel und schwer.

❍ Wir singen: Was ist das für ein Schmerz für eines Menschen Herz?

❍ Wir denken an Menschen in unserer Zeit:
Menschen verlieren einander. Eltern verlieren ihre Kinder. Kinder gehen oft ganz andere Wege, als Eltern es wollen. Solche Wege sind dunkel und schwer.

❍ Wir singen: Was ist das für ein Schmerz für eines Menschen Herz?

❍ Ein dritter WEG wird seitlich der Ikone abgelegt.

Maria erfährt, dass Jesus oft nicht verstanden wird. Das Licht, die Liebe, die er vom Vater den Menschen bringen will, wird nicht angenommen. Die Menschen verstehen sein Gutsein nicht. Er ist das „Zeichen, dem widersprochen wird", wie Simeon vorausgesagt hat. Jesus wird verraten, gefangengenommen, verurteilt und verspottet. Ein Kreuz wird ihm aufgeladen. Er trägt es den Berg hinauf. Maria steht am Wegrand. Sie sieht das Leid ihres Sohnes. Sie kann es nicht abnehmen. Sie kann nur mittragen und mitleiden. Der Weg ist für Maria dunkel und schwer.

❍ Wir singen: Was ist das für ein Schmerz für eines Menschen Herz?

❍ Ein vierter WEG wird zugefügt.

Die Wege sind zum Kreuzbild geworden. Maria geht den Weg mit bis unters Kreuz, bis zum Sterben ihres Sohnes.

❍ Ein weißes Tuch wird über die Jesusikone gelegt.

Jesus wird vom Kreuz abgenommen und ihr in den Schoß gelegt. Ein letztesmal trägt Maria ihr Kind, das Kind, das sie in ihrem Leib getragen und geboren hat; das sie begleitet und durchgetragen hat; dem sie ein Leben lang Mutter war. Jesus wird ins Grab gelegt. Die Mutter Erde wird ihn dann bergen. Der Weg ist für Maria dunkel und schwer.

❍ Wir singen: Was ist das für ein Schmerz für eines Menschen Herz?

❍ Wir denken an Menschen unserer Zeit: Menschen erleben den Tod von Freunden, Verwandten, von geliebten Menschen. Sie müssen sie hergeben. Solche Wege sind dunkel und schwer.

❍ Wir singen: Was ist das für ein Schmerz für eines Menschen Herz?

Trotz aller Dunkelheit und Not spürt es Maria in ihrem Herzen:
Jesus ist das Licht der Welt. Jesus ist das Leben. Er hat es oft gesagt.
Maria glaubt es. Sie hat Gottes Wort glaubend in ihrem Herzen bewahrt und ist voll Glauben und Liebe den Lebensweg Jesu mitgegangen.
Wenn sein Lebenslicht auf Erden erloschen ist, wird das Licht seiner Auferstehung neu aufstrahlen.

❍ Wir stellen die Osterkerze in die Mitte auf das weiße Tuch und entzünden sie.

Die Liebe Gottes hat in Jesus die Menschen erlöst von Dunkelheit und Angst, erlöst aus der Nacht des Todes.

Wir beten für Menschen, die schweres Leid tragen

Wir schauen auf Maria. Sie hat Jesus in seinem Leiden nicht alleine gelassen. Sie hat ihn begleitet auf dem schweren Weg. Sie hat die Schmerzen, Leiden und Ängste mitgetragen.
So wird sie angerufen als Mutter der Schmerzen, Mutter der Leidenden, Mutter der Tränen, Mutter der Sterbenden.
Sie ist die Mutter von Jesus, der die Menschen aus der Dunkelheit des Leidens und Sterbens erlöst hat. Sie ist die Mutter des Erlösers.

❍ Wir denken an Maria und rufen mit ihr zu Gott:

Text u. Melodie: Hanni Neubauer u. Thomas Brunnhuber

❍ Bei jeder Fürbitte legen wir eine goldene Scheibe in die Mitte der schwarzen Kreuzesbalken, entzünden an der Osterkerze ein kleines Licht und singen die Fürbitte. Die Fürbitten können aus der Situation heraus entstehen oder in folgender Weise gebetet werden.

– Für Mütter und Kinder, die keine Heimat haben
– Für Mütter und Kinder, die einander nicht verstehen
– Für Mütter und Kinder, die schlimmes Leid erleben
– Für Menschen, die verurteilt, verspottet und geschlagen werden
– Für Menschen, denen niemand vertraut
– Für Menschen, die große Sorgen haben
– Für Menschen, die allein gelassen und einsam sind
– Für Menschen, ...
– Für die Sterbenden

Guter, barmherziger Gott!
Sei nahe den Menschen, die leiden.
Lasse sie Trost finden, wenn sie auf Maria schauen.
Ihre Liebe zu Jesus, ihr Glaube an dein Wort, ihr Vertrauen auf dein Dasein hat sie uns zum Vorbild gemacht.
Durch ihre Fürbitte schenke uns Hoffnung auf Leben.
Amen.

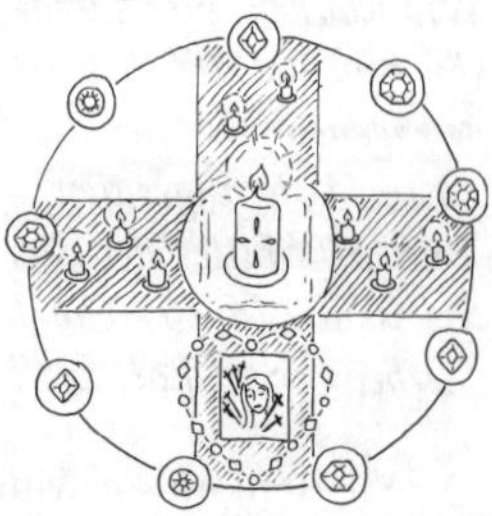

Wir schmücken unser Bild

❍ Als Zeichen für Gottes Liebe an uns legen wir Edelsteine auf die goldenen Scheiben am Rand der Sonne.

MARIA – MUTTER DER KIRCHE

ÜBERLEGUNGEN

Maria – Mutter der Kirche. Was gibt uns Anlass, Maria so zu nennen?
Maria hat ihre ganze mütterliche Liebe und Kraft eingesetzt, um ihr Kind im Leben und Sterben zu begleiten. Vielleicht prägen sich einer Mutter mehr als anderen Menschen Begegnungen und Worte ein, die mit dem geliebten Kind in Verbindung stehen. Vielleicht ist es einer Mutter mehr zu eigen, über den Tod hinaus zu lieben. „Maria bewahrte alle Worte in ihrem Herzen."
Als der Abschied mit Jesus endgültig schien und Hoffnungslosigkeit sich zeigte, war es Maria im Kreis der Jünger Jesu, die an das lebendige Wort ihres Sohnes erinnerte. „Ich bin bei euch alle Tage!"
Sie hat die Freunde Jesu nicht allein gelassen. Sie wusste sich durch Jesus mit ihnen verbunden.
Das Gedächtnis ihres Sohnes soll über seinen Tod hinaus lebendig bleiben bei denen, die Jesus im Leben schon nachgefolgt sind. Das Vertrauen in Gottes Wort, auf seinen heilbringenden Geist, will Maria bei den Jüngern stärken. Sie glaubt es, Gottes Leben, seine Liebe, sein Geist wollen in Jesus weiterleben „bis zur Vollendung der Welt".
In diesem Glauben wird sie Mutter des fortlebenden Christus, Mutter der Kirche.

Es mag tröstlich sein, zu erfahren, dass mütterliche Glaubenskraft ins Leben führt – dass uns in Maria der Weg zu Jesus immer wieder neu eröffnet wird – dass Maria dabei mitten unter uns ist, gerade dann, wenn Verzagtheit und Hoffnungslosigkeit über uns kommen.
Auch das Kind kann verspüren, Maria ist uns Mutter in allen Lebenslagen. Ihr wegweisendes Wort führt zu Jesus, führt ins Leben.

Wir versammeln uns

❍ Die Kinder sitzen im Kreis. Die Erzieherin geht zu einem Kind, nennt seinen Namen und überreicht ihm den Anfang eines Seiles.
Dieses Kind darf sich das nächste Kind zum Abholen aussuchen. Jedesmal wird der Name des Kindes genannt und der Anfang des Seiles weitergereicht.

❍ Sind alle Kinder versammelt, übernimmt die Erzieherin den Anfang des Seiles. Sie führt die Kinder, die das Seil fassen, im Raum. Das geschieht der Situation und dem Bedürfnis der Kinder entsprechend lange.

❍ Ein Lied kann dieses Tun begleiten:

Text u. Melodie: Hanni Neubauer

❍ Den Abschluss dieses Führens und Folgens findet die Gruppe im Kreis. Sie ist zusammengeführt worden. Das Seil wird zusammengeknüpft.

Das Seil hat sich gerundet und wir wurden mit ihm in ein Rund geführt. Wir sehen, dass jetzt keiner der erste und keiner der letzte ist. Alle sind wir gleich wichtig und gehören zusammen.

❍ Das Seil wird am Boden abgelegt und vorsichtig nachgerundet.

Wir spüren dem Innen und Außen des Kreises nach

❍ Wir spüren dem Seilrund nach: Wir schauen es mit unseren Augen. Wir zeigen das Rund mit unseren Händen.

❍ Wir spüren dem Außenrund des Seiles nach: Ein Kind geht außerhalb, nahe dem Seil im Kreis. Ein weiteres Kind kann den Kreis größer ziehen. Alle Kinder stellen sich außerhalb des Seiles im Kreis.

Wie ist es, außerhalb des Seiles zu sein?
Ich kann mich umdrehen und habe viel Platz vor mir; ich kann nach außen weggehen; da ist keine Grenze, kein Hindernis.

Die Kinder können im Raum umhergehen.

❍ Wir spüren dem Innenraum des Kreises nach. Ein Kind geht in den Seilkreis hinein. Es geht innen rund herum. Es bewegt sich im Innenraum des Kreises. Alle Kinder stellen sich in den Seilkreis.

Wie ist es, im Innenkreis des Seiles zu sein?
Der Raum ist eng. Er ist zum Bewegen viel kleiner. Wenn ich nicht hinaus kann, fühle ich mich eingesperrt …

❍ Mit grauen Tüchern, die schmal gefaltet sind, wird die Seilgrenze verstärkt.

❍ Die Namenskärtchen der Kinder werden ausgeteilt. Jedes Kind legt sein Namenskärtchen an den Innenrand des Seiles. Sie liegen eng nebeneinander, sehen aus wie Mauersteine.

Wir hören von der Versammlung der Jünger

Die Jünger Jesu sind zusammengekommen. Sie haben sich im gleichen Saal versammelt, in dem Jesus mit ihnen das Brot gebrochen und das letzte Mahl gefeiert hat. Sie sitzen eng beieinander. Das Nachdenken über Jesus hat sie zusammengeführt. Jesus ist nicht mehr unter ihnen. Sein Platz, die Mitte ist leer. Sie können es nicht fassen. Sie haben Jesus vertraut, sind ihm nachgefolgt, als er sie beim Namen gerufen hat. Sein Tod am Kreuz war schwer und traurig. Doch sie haben erfahren: Jesus ist auferstanden. Er lebt. Er ist ihnen immer wieder erschienen und hat mit ihnen das Brot gebrochen. Doch jetzt ist er zum Vater im Himmel heimgekehrt. Er ist nicht mehr unter ihnen. Die Jünger spüren die Leere. Sie sind ratlos. Wie soll es weitergehen? Sie haben sich zurückgezogen. Doch so kann es nicht bleiben. Jesus hat zu ihnen gesagt: Ihr werdet meine Zeugen sein. Wie soll das geschehen mit der Traurigkeit und Angst, die in ihnen ist?

Maria ist inmitten der Jünger

Mitten unter den Jüngern ist auch Maria.

❍ Das Namensschild: MARIA wird in den Kreis zu den anderen Namen gelegt.

Maria hat Jesus geboren, genährt und getragen. Sie hat ihn bis in den Tod begleitet. Maria glaubt und vertraut ihrem Sohn. Sie spürt es tief in ihrem Herzen. Jesus lässt seine Freunde nicht allein. Er hat versprochen: „Ich bin bei euch alle Tage bis zum Ende der Welt“.
Er hat auch gesagt: „ Ihr werdet die Kraft des Heiligen Geistes empfangen, der auf euch herabkommen wird.“
Maria macht den Freunden Jesu Mut: Warum lasst ihr den Kopf so hängen? Vertraut doch auf sein Wort. Sein Wort ist Wahrheit. Jesus hält, was er versprochen hat. Er wird uns einen schicken, der alle Angst nimmt, der Kraft und Mut zum Leben schenkt. Es wird die Kraft von oben, die Kraft des Himmels, die Kraft Gottes sein. Diese Kraft lässt uns dann hinausgehen aus der Enge und Verschlossenheit zu den Menschen. Unser Glaube lässt uns von Gott erzählen. Lasst uns miteinander um Gottes Kraft und Stärke bitten!

Wir bitten mit Maria und den Jüngern um Gottes Kraft

Text u. Melodie: Hanni Neubauer

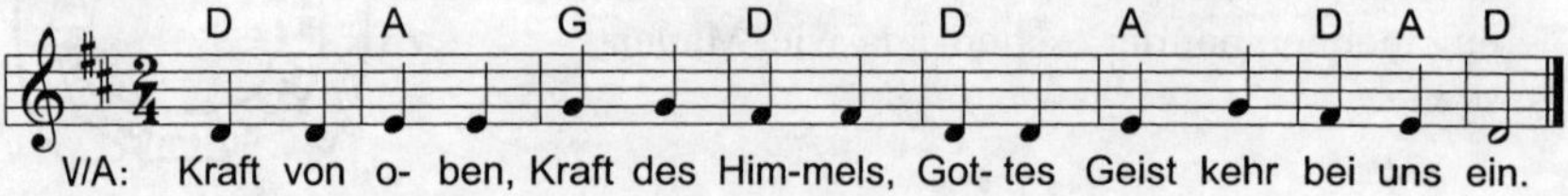

Kraft von oben, Kraft des Himmels, Gottes Geist kehr bei uns ein.
Kraft des Lebens, Kraft der Hoffnung, Gottes Geist kehr bei uns ein.
Kraft des Glaubens, Kraft der Liebe, Gottes Geist kehr bei uns ein.
Kraft zum Gutsein, Kraft zum Schenken, Gottes Geist kehr bei uns ein.
Kraft zum Frohsein, Kraft zum Freisein, Gottes Geist kehr bei uns ein.

Wir können auch beten:

Mit Maria wollen wir rufen,
bitten um die Lebenskraft.
Mit Maria wollen wir vertrauen auf Gottes Liebe,
die Leben schafft.
Mit Maria wollen wir rufen, bitten um den Heiligen Geist.
Mit Maria wollen wir glauben auf deine Liebe,
die Wege weist.

Gottes Geist erfüllt die Jünger

Wie die Freunde Jesu warten, bangen und beten, da geschieht Wunderbares. In die versammelte Gemeinschaft bricht etwas herein.

❍ In die Mitte des Kreises wird ein gelbes Tuch hineingerundet.

Es ist wie ein Licht aus der Höhe. Ein Licht in Feuerszungen erfüllt das ganze Haus. Die Jünger selbst sind entflammt und entzündet. Sie sind Feuer und Flamme für Jesus. Sie spüren, Jesus ist da, mitten unter uns. Sein Geist ist in uns. Ihr Herz brennt vor Mut und Tatkraft, vor Glauben und Hoffnung.

❍ Die Osterkerze wird in die Mitte gestellt.

❍ Wir singen:

Text: Hanni Neubauer
Melodie: Hanni Neubauer
u. Thomas Brunnhuber

Es kommt wie ein Sturmwind über sie – ein Sturm, der in Bewegung bringt, der antreibt. Sie spüren: Alle Enge und Angst ist ihnen genommen. Sie können nicht mehr sitzen bleiben. Sie sind bewegt von einer Kraft, die hinaus will. Sie öffnen Türen und Fenster. Sie tun sich selbst auf und gehen hinaus. Jeder weiß sich bei seinem Namen gerufen. Sie verkünden: Jesus lebt! Seine lebendige Kraft, sein heiliger Geist sind mitten unter uns!

❍ Wir singen:

„Jesus lebt. Halleluja.
Heiliger Geist treibt und führt uns an.
Jesus lebt. Halleluja.
Mut und Kraft, sie führen uns voran. Halleluja."

❍ Jedes Kind darf einen bunten Stoffstreifen von der Mitte über die Begrenzung nach außen legen, darauf sein Namensschild.

Wir grüßen Maria

❍ Das Namensschild MARIA wird ebenfalls aus der Mitte herausgenommen und auf einen Streifen zu den anderen Namen gelegt. Wir schmücken den Namen MARIA mit verschiedenen Goldteilen.

❍ Wir grüßen Maria:
Gegrüßet seist du Maria.
Du bist mitten unter den Aposteln und Freunden von Jesus.
Du machst ihnen Mut in ihrer Verzagtheit.
Du vertraust auf Gottes Wort, auf das Wort von Jesus.
Du wartest und bittest mit den Jüngern um Gottes Kraft,
um Gottes Geist.
Dein Glaube ist groß und stark.
Du wirst Mutter der Apostel,
Mutter der ganzen Kirche genannt.
Woran du geglaubt hast, hat sich erfüllt.
Gottes Geist ist auf dich, auf die Jünger gekommen.
Wir glauben, dass er auch uns erfüllen kann –
der Geist des Lebens, der Freude, der Liebe, der Heilige Geist.
Wir grüßen dich, Maria.
Wir danken dir, weil du uns Mut zum Glauben machst,
du Mutter von uns allen, du Mutter der Kirche.

Wir gestalten das Bild mit Lebenszeichen aus

❍ Die Kinder schmücken ihr Band und ihren Namen mit bunten Lebenszeichen.

MARIA – DIE LOBPREISENDE

ÜBERLEGUNGEN

„Magnifikat – meine Seele preist die Größe des Herrn und mein Geist jubelt über Gott, meinen Retter!"
Welch ein großartiges Lied singt Maria über ihren Gott. Die Kirche tut es Maria gleich. Sie singt auch heute jeden Tag dieses Lied.
Lobpreis und Dank über einen Gott, der groß ist, der das Kleine groß macht. Sein Erbarmen hört niemals auf. Seine Treue währt von Geschlecht zu Geschlecht.
Maria erinnert sich im Augenblick der Begegnung mit Elisabeth an dieses Lied, das schon Hanna im alten Bund gesungen hat. Nun singt sie es im Gegenüber und im Miteinander von gesegnetem Leben. Es ist eine Lebensmelodie. Sie singt Geschichte und Zukunft. Sie preist mit dem ganzen Leben den lebendigen Gott. In ihr ist Staunen und Freude, Hoffnung und vor allem Glauben. Dieses Lied singt Maria, von der Elisabeth sagt: „Selig, die du geglaubt hast." Sie kann dies tun, weil sie sich von Gott angeschaut, anerkannt und geliebt weiß. Gottes Lichtblick ist bei ihr angekommen. Die Antwort kann nur Dank, Jubel und Lobpreis sein.

Die Grunderfahrung von Wertschätzung soll in dieser Einheit wiederum den Zugang schaffen. In der zuwendenden Begegnung von Menschen geschieht vertrauendes Hoffen und Glauben zum Leben. Wenn in unserer Anschauung ein Strickpüppchen auf goldenen Kugeln als Kind in der Mitte der Begegnung liegt, mag dies auch das innere Kind als göttliches Leben in jedem Menschen symbolisieren. Dies will sich zeigen, lebendig werden, vor Freude aufhüpfen. Es will für das Leben danken, singen und jubeln.
Gerade unsere Kinder bedürfen solcher zusagenden Begegnungen. Eine dankbare Lebensmelodie will immer wieder neu gestärkt werden.

Wir versammeln uns

❍ Die Kinder sitzen im Kreis versammelt.

❍ L bringt in die leere Mitte eine runde, schöne, große Schale. Sie sollte nicht zu tief sein.

❍ Wir schauen sie an. Wir zeigen ihre Form in verschiedenen Möglichkeiten, auch ihre Offenheit und Empfänglichkeit.

❍ Ein gelbes Seidentuch wird über die Schale gelegt und hineingerundet.

❍ Wir öffnen selbst unsere Hände zur Schale.
Wir schließen die Augen, träumen in unsere offenen Hände etwas Schönes hinein. Wir warten, was uns geschenkt wird.

Wir schauen eine goldene Kugel

❍ L legt jedem Kind eine goldene Kugel (vergoldete Holzkugel oder mit Goldfolie überzogener Tennisball) in die offenen Hände.

❍ Wir umfassen sie mit unseren Händen. Wir schauen die Farbe. Was will sie uns sagen?

❍ Die Kinder können reihum von der Kugel erzählen: Ich bin ganz glänzend. Meine Farbe ist kostbar.

❍ L. fasst zusammen:

Golden, glänzend, wertvoll liegst du, goldene Kugel, in meiner Hand.
Du bist mir geschenkt worden.
Ich habe nur die Hände aufgemacht.
Nun darf ich dich schauen und tragen.
Ob ich durch dich spüren darf, dass ich selbst ganz kostbar und wertvoll bin?
Ob du mir sagen willst, dass ich einen Schatz in mir trage, dass ich geschätzt bin?

❍ Wir singen:

Text u. Melodie: Hanni Neubauer

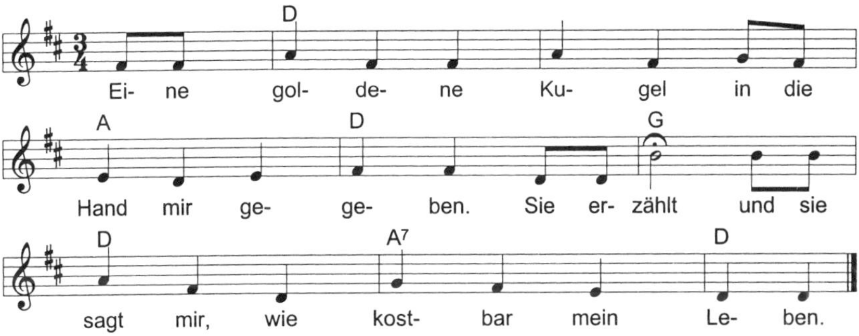

❍ Bei der dritten Zeile des Liedes: „Wie kostbar mein Leben“, können wir die Kugel an unser Herz halten.

❍ Damit wir die goldene Kugel vorerst ablegen können, sie nicht davonrollt, wird jedem Kind ein kleiner Ring vor die Füsse gelegt. Da hinein legen wir unsere goldene Kugel.

Wir gehen Wege zueinander

- ❍ Tücher in gelben und orangen Tönen werden an die Kinder ausgeteilt. Jedes Kind faltet sein Tuch zweimal zu einem Streifen. Es wird am Boden neben der goldenen Kugel abgelegt.

- ❍ L beginnt ein Kind bewusst anzuschauen. Sie sagt:
  In unsere Augen fällt Licht. So können wir uns sehen. Wenn wir das Licht, das uns geschenkt ist, aus unseren Augen herausschauen lassen, können wir dem anderen einen Lichtblick schenken. Wenn sich die Lichtblicke treffen, blitzt in den Augen etwas auf. Ich schenke einen Lichtblick dem … Florian. Wenn Florian auch mir seinen Lichtblick schenkt, dann treffen sich beide Lichtblicke. Vielleicht fängt es an zu funkeln. So ein Lichtblick kann glänzen, ganz golden sein. Was mag er sagen? …

- ❍ Kinder überlegen und finden Aussagen: „Du, ich freue mich!“ „Du, ich finde dich schön! „Du bist mir ganz wertvoll!“ „Du bist ein Goldstück!“ „Du, ich mag dich!“ …

- ❍ Die Angeschauten nehmen jeweils ihre Goldkugel in die Hand, gehen aufeinander zu. Sie treffen sich in der Mitte bei der Schale.

- ❍ Jedes Kind reicht dem anderen seine Kugel als Zeichen der Wertschätzung. Dabei singen wir verändert das obige Lied:

  „Eine goldene Kugel in die Hand dir gegeben.
  Sie erzählt und sie sagt dir, wie kostbar dein Leben“.

- ❍ Jedes Kind legt seine goldene Kugel dann in die mit einem gelben Tuch ausgelegte Schale.

- ❍ Weiter legen wir mit unserem gelben oder orangen Tuch den Lichtweg vom Treffpunkt in der Mitte aus.

- ❍ Das Spiel und die Zusagen gehen so lange weiter, bis alle Kinder eingebunden sind. Dabei entsteht eine helle, leuchtende Mitte.

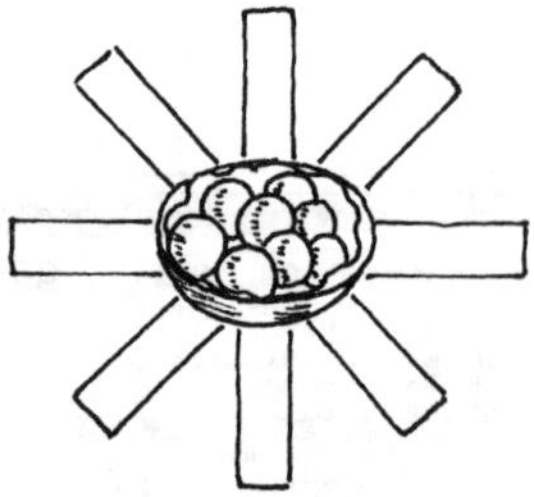

Wir erzählen vom Treffen zweier Menschen

Maria wird Mutter.

Gott hat sie angeschaut. Er hat ihr zugesagt: „Du bist voll der Gnade.“ Du bist mir ganz wertvoll. Gottes Licht und seine Liebe nehmen in Maria Gestalt an. Ein Kind, Gottes Kind, trägt Maria in ihrem Leibe.

Von diesem Lichtblick Gottes erfüllt, geht sie zu ihrer Kusine Elisabeth.

Der Engel hat ihr von Elisabeth erzählt. Auch sie soll Mutter werden.
Zwei Frauen tragen das Leben -Gottes zusagendes Leben – in sich: ein Kind.

❍ Ein kleines Strickpüppchen wird in die Mitte auf die goldenen Kugeln gelegt.

Maria eilt übers Gebirge zu Elisabeth. Ist sie so erfüllt von der frohen Botschaft des Engels oder sucht sie bei Elisabeth die Gewissheit, dass bei Gott wirklich nichts unmöglich ist?
Sie tritt in das Haus und begrüßt Elisabeth. In dieser Begegnung geschieht Wunderbares. Das Kind, das Elisabeth im Leibe trägt, erkennt Maria als Mutter Jesu, als Mutter des Herrn. „Da hüpfte das Kind in ihrem Leibe."
Elisabeth spricht es aus, was da Wunderbares geschieht. „Gesegnet bist du mehr als alle anderen Frauen, und gesegnet ist die Frucht deines Leibes. Wer bin ich, dass die Mutter meines Herrn zu mir kommt. Selig ist die, die geglaubt hat, dass sich erfüllt, was der Herr ihr sagen ließ."
Ein Lied, schon gesungen von Hanna im alten Bund, fällt in diesem Augenblick Maria ein.
Ein altes und immer wieder neues Lied über den großen, lebendigen Gott – ein Lied der Treue Gottes. Sie singt es für sich und für ihr ganzes Volk.

Wir singen und tanzen ein Loblied

❍ Mit größeren Kindern kann das Magnifikat von Taizè gesungen und getanzt werden.

❍ Mit kleineren Kindern können wir folgendes Loblied singen:
Zuvor entzünden wir die Kerze als Zeichen für Gottes Gegenwart.

Text u. Melodie: Hanni Neubauer

Ich preise dich, Gott.	– klatschen, die Arme erheben
Ich singe dir zu.	– mit erhobenen Armen wiegen
Ich danke dir, Gott.	– verneigen
Ein Gott des Lebens bist du.	– mit ausgebreiteten Armen um sich selbst drehen

Meine Seele preist die Größe des Herrn,
und mein Geist jubelt über Gott, meinen Retter.
Denn auf die Niedrigkeit seiner Magd hat er geschaut.
Siehe, von nun an preisen mich selig alle Geschlechter.

Ich preise dich, Gott.
Ich jauchze dir zu.
Ich freue mich, Gott.
Ein Gott des Lebens bist du.

Denn der Mächtige hat Großes an mir getan,
und sein Name ist heilig.
Er erbarmt sich von Geschlecht zu Geschlecht
über alle, die ihn fürchten.

Ich preise dich, Gott.
Ich juble dir zu.
Dein Name ist groß.
Ein Gott des Lebens bist du.

Er vollbringt mit seinem Arm machtvolle Taten:
Er zerstreut, die im Herzen voll Hochmut sind;
er stürzt die Mächtigen vom Thron
und erhöht die Niedrigen.
Die Hungernden beschenkt er mit seinen Gaben
und lässt die Reichen leer ausgehn.

Ich preise dich, Gott.
Ich klatsche dir zu.
Du hebst mich empor.
Ein Gott des Lebens bist du.

Er nimmt sich seines Knechtes Israel an
und denkt an sein Erbarmen,
das er unsern Vätern verheißen hat,
Abraham und seinen Nachkommen auf ewig.

Ich preise dich, Gott.
Ich tanze dir zu.
Dir sei Lob und Preis.
Ein Gott des Lebens bist du.

❍ Die Lichtwege schmücken die Kinder mit Edelsteinen und Goldteilen aus.

❍ Das Magnifikat können wir auch tanzen.

MARIA - KNOTENLÖSERIN

ÜBERLEGUNGEN

Wir kennen das aus unserem Leben: Da drücken uns Sorgen. Wir haben Schmerzen. Es ist manches durcheinander geraten. Wir wissen wohl, wer oder was dabei Abhilfe schaffen könnte. Da gibt es den Arzt oder den Berater. Doch alleine haben wir Angst, trauen uns nicht zu fragen und den vielleicht langen und mühsamen Weg zu gehen. Wir brauchen jemanden, der für uns spricht, der mit uns geht, der bei der Lösung unseres Problems behilflich ist. Solch ein Mensch hat unser Vertrauen, von ihm erhoffen wir Verständnis für unsere Situation. Vielleicht war er selbst schon in der gleichen misslichen Lage. Dadurch glauben und hoffen wir auf seine Fürsprache.

Maria als Fürsprecherin! Menschen rufen sie vertrauensvoll an. Sie schauen auf ihr Leben. Sie entdecken: Maria hat viele Sorgen, Nöte und Schmerzen selbst erlebt. Sie kennt das Leben. Sie kennt die Verstrickungen, das unheilvolle Durcheinander dieser Welt. Darum erhoffen Menschen bei ihr Verständnis und Hilfe.
Vor allem jedoch hat Maria selbst vertraut auf den, der helfen kann. In allen menschlichen Verwirrungen hat sie Entwirrung und Hilfe bei Gott erhofft. Durch ihren standhaften Glauben, durch ihr unerschütterliches Vertrauen und Hoffen auf Gott, der Treue und Liebe ist, ist sie uns Vorbild geworden.
Viele Anrufungen sind so um Maria als Fürsprecherin entstanden: Maria, Heil der Kranken, Trösterin der Betrübten, Zuflucht der Sünder, Hilfe der Christenheit, Mutter der Bedrängten, Mutter der Barmherzigkeit ... Maria als die Schutzmantelmadonna.
Von alters her wird sie uns auch als die „Knotenlöserin" vorgestellt. Sie ist es nicht selbst, die erlösen kann. Doch mag sie uns im Blick auf ihr Leben helfen, Verknotungen auszuhalten, miteinander zu tragen und vertrauend Gott hinzuhalten – Ihm, der Erlösung für sein Volk bereit hält.

Diese Einheit ist für Jugendliche oder Erwachsene konzipiert. Will man mit kleineren Kindern Maria als Fürbitterin vorstellen, wird es im bergenden und tröstenden Mutterbild oder im Bild der Schutzmantelmadonna besser verständlich sein.

Wir versammeln uns

❍ Eine rote, runde Tischdecke liegt in der Mitte des Kreises oder wir haben vier rote Tücher ausgebreitet und gerundet.

❍ L reicht ein dickes Seil zum Anhalten in der Gruppe weiter. Wir lassen das Seil durch unsere Hände gleiten, erspüren es in seinem geraden Verlauf, seiner Beschaffenheit und Länge.

❍ Wir knüpfen Anfang und Ende zusammen. Über das Seil sind wir verbunden. Wir halten das Seil. Das Seil hält uns. Wir können uns anhalten – am Seil und dadurch auch an den anderen. Es ist gut, wenn man sich an etwas halten kann. Es ist gut, wenn Menschen Halt geben, wenn wir zusammenhalten.

❍ Wir probieren aus, wie fest der Halt ist. Dabei spannen wir das Seil, lehnen uns zurück, lockern dann wieder die Spannung. Wir üben das im Miteinander, im Ein- und Ausatmen.

❍ Wir legen das Seil gerundet am Boden ab.

❍ Wir reichen einander die Hände, halten zusammen Frieden, halten fest an der Hoffnung zum Guten. Wir geben einander Halt und Stärkung fürs Leben. Wir sind selbst so etwas wie ein Festhalteseil.

❍ Ein Lied kann diesen Zusammenhalt verstärken:

Text u. Melodie: Hanni Neubauer

Wir schauen ein Bild von Verknotungen

L: Das Seil liegt gerundet vor uns. Wir können seinen Verlauf sehen, gerade und klar.
Das ist nicht immer so. Oft ist das Seil verschlungen oder gar verknotet.
Wir wollen dies im Bild aufzeigen.

❍ Ein Teilnehmer macht jeweils einen Knoten in das Seil. Dieses Tun kann mit einem Trommelschlag verstärkt werden.

❍ Wir nehmen das verknotete Seil in unsere Hände.

Wir geben es Stück um Stück, Knoten um Knoten weiter. Dabei schauen wir die Verschlingungen an. Wir gehen den Knoten in unseren Händen ein wenig nach. Wir befühlen und begreifen sie. Wir umfassen und halten sie. Wir halten jeden Knoten aus, bevor wir ihn weitergeben – den eigenen und den der anderen.

L: Wie anders mutet uns jetzt das Seil an. Vorher ist es glatt und gerade durch unsere Hände gelaufen. Jetzt spüren wir Hindernisse. Wir stoßen uns an den Knoten. Wenn sie heftig ankommen, können wir uns verletzen. Wir können sie manchmal gar nicht fassen. Die Verbindung des Seiles ist nicht mehr durchgängig.

❍ Wir legen das verknotete Seil auf dem roten Tuch ab.

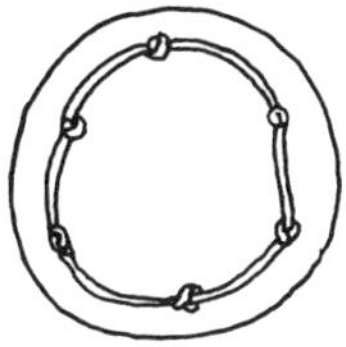

Verknotungen im eigenen Leben:

❍ Jeder verschlingt seine Arme ineinander. So zeigen wir in unserer äußeren Haltung, was wir auch oft im Inneren spüren. Wir spüren unserer Haltung nach.
Wie geht es mir so? Was kann ich in dieser Haltung nicht tun?
Wo und wann gibt es solche „Verknotungen" in meinem Leben?
Wir verweilen in Stille und erinnern uns.

L: Ich bin ganz eng geworden, verschlossen. Der Atem, das Leben kann nicht mehr frei fließen. Ich kann nichts richtig anfassen. Die Hände sind mir wie gebunden. Ich kann nichts annehmen und nichts weitergeben. Ich kann meine Hände nicht weiter reichen. Mein Schenken ist ins Stocken geraten. Es ist wie ein Knoten. Nichts mehr ist klar und deutlich. Leben, Friede, Freude, alles ist eingeengt. Leben ist unterbrochen.

❍ Wir zeigen diese Haltung auch bei unseren Füßen. Wir schlagen die Beine übereinander und verschlingen sie.

L: So können meine Füße nicht stehen, nicht gehen. Die Wege sind mir verschlossen. Ich erreiche kein Ziel. Ich kann nicht auf andere zugehen. So bin und bleibe ich alleine. Wie kann ich eine Lösung finden? Manchmal gibt es keine schnelle Lösung. Manchmal müssen wir die Wirrnis ein wenig aushalten. Manches gilt es mit Geduld selbst zu lockern und zu lösen. Manchmal müssen wir andere bitten, dass sie uns helfen, aus unserer Verstrickung herauszukommen.

❍ Wir schauen im Kreis und suchen uns einen Menschen unseres Vertrauens. Nacheinander rufen wir uns gegenseitig um Hilfe an. Dabei rufen wir

den Namen und sagen eine Bitte dazu: „Martin, bitte hilf mir!" „Ursula, bitte zeig mir den Weg!"
Die Hilfe kann geschehen durch Zeichen der Ermutigung: einen guten Blick, ein Klopfen auf die Schultern, ein Streicheln, eine zarte Berührung.

Verknotungen untereinander:

Diese Übung ist nur mit Jugendlichen und Erwachsenen möglich.

❍ Wir wollen Verknotungen untereinander aufzeigen. Bei einem Trommelschlag verschlingen sich jeweils zwei Teilnehmer miteinander. Die Verknotungen werden bei jedem Trommelschlag mehr. Es ist darauf zu achten, dass keine Verrenkungen und Verletzungen passieren.

❍ Wir können bei Trommelschlägen auch benennen, was solche Verknotungen bedeuten können – bei uns und in der Weltgeschichte: Qual, Angst, Not, Elend, Folter, Terror, Wunden, Gewalt, Schrecken, Verbrechen, Vernichtung, Krieg, Massaker, Krankheit, Verfolgung, Gefängnis, Verzweiflung, Kampf, Bomben, Blut, Tod.

L: Verknotet, verschlungen, durcheinandergebracht, unheilvoll verstrickt, ein schwer entwirrbares Knäuel sind wir geworden. In der Welt gibt es viele solcher Wirrungen. Es ist schwer auszuhalten. Wir möchten ausbrechen aus diesem Durcheinander, dem Teufelskreis.
Wie kann das geschehen?
Wir vermögen es alleine nicht. Wir brauchen Hilfe.
Wir rufen den Herrn, der lösen, erlösen kann.

Herr, erbarme dich! A.: Herr, erbarme dich!
Herr, befreie uns! A.: Herr, befreie uns!
Herr, erlöse uns! A.: Herr, erlöse uns!

L: Gott hat uns erlöst aus den Verschlingungen des Todes. Er hat uns befreit ins Leben hinein.
Er schaut auf uns. Er geht mit uns.
Aus dieser Gewissheit heraus dürfen wir unsere Verknotungen lösen, dürfen loslassen.

❍ Die Gruppe befreit sich aus der Enge. Wir spüren dem Gelöstsein nach, bewegen und strecken uns, setzen uns im Kreis.

❍ Wir entzünden die Kerze, tragen sie um unser Mittebild und stellen sie dann mitten in die Verknotungen hinein und bitten ihn um Erlösung aus allen Verstrickungen der Weltgeschichte, aus aller Enge und Not, die uns belastet.

Herr, erbarme dich! A.: Herr, erbarme dich!
Herr, befreie uns! A.: Herr, befreie uns!
Herr, erlöse uns! A.: Herr, erlöse uns!

Wir schauen Maria im Bild der Knotenlöserin

❍ Ein Bild „Maria Knotenlöserin" (siehe Bildmappe) wird in den Kreis gebracht. Ein Teilnehmer trägt das Bild für alle sichtbar im Kreis. Es wird inmitten der Seilverknotungen abgelegt.

❍ Wir schauen das Bild an:

L: Maria hält Bänder, miteinander verschlungen in ihren Händen. Ob es ihr eigenes Lebensband ist?
Vieles hat Maria in ihrem Leben nicht verstanden. Vieles war für sie verworren und lief nicht glatt.
Doch Maria traute Gott zu, dass alles, auch Leid und Böses, einen letzten Sinn hat. Sie glaubte daran, dass alle „Verknotungen" des Herzens entwirrt werden. Dieses Vertrauenslied hat sie schon am Anfang ihrer Geschichte gesungen: „Er stürzt die Mächtigen vom Thron und erhöht die Niedrigen. Die Hungernden beschenkt er mit seinen Gaben und lässt die Reichen leer ausgehn."
In ihrer Haltung steht sie ganz klar vor uns. Sie hat sich im Vertrauen auf Gott nicht verwirren lassen, auch wenn es viel Verwirrendes in ihrem Leben gab.

Wir rufen zu Maria
Maria, wir schauen auf dich und dein Leben.
Du kennst die schmerz- und leidvollen Augenblicke.
Du kannst es verstehen, wenn sich im Leben vieles verwirrt,
wenn der Atem stockt,
wenn Unverständnis verletzt,
wenn Schmerz bedrückt,
wenn Ablehnung lähmt,
wenn das Leben nicht mehr fließen kann.
Du hast viele Verknotungen in deinem Leben ausgehalten.
Von dir wird gesagt: „Selig, die geglaubt hat."
Du hast an Gottes Treue geglaubt.

Wir rufen zu dir:

Text u. Melodie: Hanni Neubauer

Maria, wir schauen auf dich und dein Leben.
Du zeigst uns Wege der Hoffnung.
Verletzungen können heilen –
Verschlungenes kann sich glätten –
Verworrenes kann sich entwirren –
Entkräftetes zu Kraft und Stärke werden –
wenn wir vertrauen und hoffen.
Du hast auf Gottes Barmherzigkeit vertraut.
Das hat dir Hoffnung gegeben.

Wir rufen zu dir:

> Hilf uns hoffen, Maria. Hoffen wie du auf Gott.
> Wir möchten, wie du, Maria – hoffen in aller Not.
> (Lied, 2. Str.)

Maria, wir schauen auf dich und dein Leben.
Du warst liebende Mutter.
Liebe trägt mit. Liebe lässt aushalten. Liebe löst.
In Geduld und Ausdauer, mit Mut und Tatkraft,
in Offenheit und voll Zärtlichkeit
finden sich Wege zu heilendem, gutem, erlösendem Leben.
Dein liebendes Ja eröffnet uns Gottes Liebe,
in der selbst die Fesseln des Todes gesprengt werden.

Wir rufen zu dir:

> Hilf uns lieben, Maria. Lieben wie du deinen Gott.
> Wir möchten wie du, Maria – lieben durch Not und Tod.
> (Lied, 3. Str.)

Wir legen Zeichen der Hoffnung

❍ Nacheinander legen wir kleine Buchszweige am Rand des Tuches ab.

L: Es sind Zeichen der Hoffnung auf gelingendes Leben. Maria zeigt uns auf, wie Verknotungen sich lösen können, wenn Glaube, Hoffnung und Liebe unser Leben gestalten.
Sie sagt uns: Gott hält eine Lösung für uns bereit – Erlösung aus Dunkelheit ins Licht, aus Tod ins Leben.
Schon beim Propheten Jesaja wird es uns zugesagt: „So spricht der Herr: Fürchte dich nicht, denn ich habe dich ausgelöst, ich habe dich beim Namen gerufen, du gehörst mir."

❍ Am Ende reichen wir uns wiederum die Hände, schenken uns ein Zeichen des Friedens und der Hoffnung. Dabei können wir unser Anfangslied mit verändertem Text singen:

Wir bitten zusammen.
Wir bitten um Frieden.
Wir bitten um Hoffnung.
Um Freude bitten wir Gott.

MARIA – KÖNIGIN

FEST DER AUFNAHME MARIENS IN DEN HIMMEL – MARIA HIMMELFAHRT – 15. AUGUST

ÜBERLEGUNGEN

Das Fest der Aufnahme Mariens in den Himmel, „Maria Himmelfahrt", wie wir sagen, ist vom Glaubenssatz her bestätigt, ein recht junges Fest. 1950 hat Papst Pius XII. das Dogma verkündet. In der Ostkirche wird dieses Fest jedoch schon seit dem 5. Jahrhundert und in der römischen Kirche seit dem 7. Jahrhundert gefeiert. Es ist also von einer langen Tradition geprägt.
Viele „Maria Himmelfahrtskirchen" finden sich in unseren Landen.
Auch ist schon im Frühmittelalter der Brauch um die „Kräuterweihe" bezeugt. Diese bindet sich in das Gottesdienstgeschehen mit ein. Dadurch wird dies ein Fest, das alle unsere Sinne anspricht, das uns als ganzen Menschen in das Festgeheimnis hereinholen will.
Wenn mich des öfteren Leiter von Kinder- und Familiengottesdienstkreisen um ein Modell für dieses Fest angesprochen haben, so war es sicher auch die Sorge, diesen Brauch um die „Kräuterweihe" nicht nur auf Brauchtumspflege zu reduzieren. Neben dem schwer verständlichen, oft missverstandenen Festtagsgedanken um die leibliche Aufnahme Marias, sollte auch dieser Brauch in seinem Sinngehalt entdeckt werden.
Dieses Gottesdienstmodell ist ein Versuch, altes Brauchtum und tiefen Inhalt zusammenzubinden und in seiner Ganzheit zu erschauen.
Eine Feststellung möchte die Überlegung noch abrunden. Der Psychologe C.G. Jung hat als Protestant die Thematik des Textes begrüßt. Er sah darin eine Aussage über die Würde und Größe des Menschen.

„GROSSES WIRD VON DIR GESAGT, MARIA" –

Wortgottesfeier am Festtag für Familien

Material
Braunes Tuch, blaue Tücher, goldener Reifen, Marienstatue oder Bild, Kräuter, goldene Zacken, Osterkerze oder andere große Kerze

Vorbereitung
Eine gute und sinnvolle Möglichkeit bietet sich in der Vorbereitung für dieses Fest, wenn mit den Kindern tags zuvor Kräuter von den Wiesen, Wald- und Wegrändern gesammelt werden. Dabei können wir die Namen und verschiedenen Wirk- und Heilkräfte benennen. Dieses Tun regt zum Staunen an über die Vielfalt und Schönheit der Schöpfung. Im gemeinsamen Sammeln

der Kräuter, im Kreis der Familie oder Gruppe wird der Geist des Zusammengehörens gestärkt. Das erlebte Miteinander schafft Freude. Ein sorgfältiges, ehrfürchtiges, verantwortliches Umgehen mit den Gaben der Schöpfung wird angeregt.
Das Hineintragen einzelner Kräuter oder ganzer Buschen in die Kirche verstärkt den Dank, den wir für Gottes Schöpfung sagen wollen.

Einzug / Eingangslied

Kinder ziehen mit dem braunen und den blauen Tüchern, dem goldenen Reifen, einem Korb mit gesammelten Kräutern und einem Marienbild oder einer Marienstatue mit dem liturgischen Dienst in die Kirche ein.
Sie versammeln sich rechts und links im Chorraum, sodass der Blick zum Altar frei bleibt.
Als Eingangslied kann gesungen werden:

„Erfreue dich, Himmel, erfreue dich, Erde ...“ GL 259

Begrüßung / Einführung:

❍ Das braune Tuch wird gezeigt und dann vor dem Altar abgelegt und gerundet.

Die braune Farbe kann uns an Erde erinnern, an Acker- oder Gartenerde, aber auch an das ganze Erdenrund, auf dem wir leben. Wir sind alle Erdenkinder, Erdenbürger. Das Erdhafte ist in uns, es verbindet uns. Dass wir in unserem Erdendasein gut zusammenhalten, wollen wir einander spüren lassen. Wir schauen uns an, reichen uns die Hände, grüßen einander und wünschen uns so Friede und Freude für unser Beisammensein, für den Tag und für unser ganzes Leben.

Pr.: „Der Herr sei mit euch!“

Dazu möge der Herr sich einbinden und bei uns sein.

❍ Die blauen Tücher werden um das braune Tuch abgelegt und gerundet.

Wir haben als Menschen den Erdenanteil in uns. Wir schauen aber immer wieder hinauf zum Himmel und spüren: Unser Menschsein trägt auch etwas vom Himmel in sich – den himmlischen, den göttlichen Anteil. Himmel, Licht, Luft, Weite – sie führen hin zum göttlichen Geist. Wir glauben, dass wir Menschen aus Leib und Seele sind.

❍ Ein Kind stellt sich zeichenhaft für uns alle in die Mitte des Bildes von „Erde und Himmel“.

❍ Zwei andere Kinder (oder auch der Priester und Eltern) legen langsam und ehrfürchtig einen goldenen Reifen um das Kind.

❍ Dabei kann das Lied gesungen werden: „Ich fass dich golden ein, ein Platz soll dir bereitet sein. Von Herzen freu ich mich, ich freu mich über dich.“ (RPP Heft 2000/4/41)

Erde und Himmel, Leib und Seele gehören zusammen, lassen sich nicht voneinander trennen.
Wir sind als Menschen in den liebevollen Blick Gottes hineingenommen. Er rahmt uns gleichsam golden ein. In seinen Augen sind wir kostbar und wertvoll.

Kyrie

So rufen wir den Herrn in unsere Mitte:
- Herr, du hast uns ins Leben gerufen – Kyrie eleison
- Herr, du schenkst uns Ansehen und Würde – Christe eleison
- Herr, du willst uns als ganze Menschen in deine Herrlichkeit aufnehmen Kyrie eleison

Gloria

Text: Hanni Neubauer
Melodie: Thomas Brunnhuber
u. Irmgard Kindl

Tagesgebet

Guter, ewiger Gott,
der Glanz, die Herrlichkeit und die Würde kommen von dir. Du hast uns als Menschen hineingenommen in dein liebendes Ansehen. Am heutigen Festtag willst du uns sagen, wie wichtig wir dir sind. Du zeigst es uns und stellst uns Maria vor. In ihr können wir schauen, wie du das Kleine erhebst und mit deiner Herrlichkeit krönst. So lass uns im Glauben wachsen und dein Erbarmen und deine Größe preisen. Das erbitten wir durch Jesus, deinen Sohn. Amen.

Hinführung zum Evangelium

❍ Eine Marienfigur oder ein Marienbild wird gezeigt. Ein Kind tritt vor und hebt das Bild hoch (evtl. Bild aus der zum Heft gehörenden Mappe).

Wir loben heute Gott, weil er uns in Maria aufzeigt, was auch mit uns geschehen soll. Er hat uns Maria als Vorbild gegeben. Gott hat Maria ganz hoch gehalten - hoch gehoben – in sein Licht, in seine Herrlichkeit gehoben, in den Himmel aufgenommen, so sagen wir. Maria war ein Mensch mit Leib und Seele, ein Mensch wie du und ich.

❍ Das Marienbild wird in die Mitte des goldenen Reifens gestellt.

Wir feiern in Maria eine von uns, die schon am Ziel angekommen ist. Wir feiern mit dem Fest der Aufnahme Mariens in den Himmel unsere eigene Hoffnung, dass auch wir, wie Maria als ganzer Mensch gewürdigt werden. Wir dürfen dies glauben, weil wir an Ostern glauben, an die Auferweckung Jesu und an unsere eigene Auferstehung. So wollen wir hören, was Gott denen bereitet hat, die auf sein Wort achten und es befolgen.

Halleluja

❍ Eine schöne große Kerze oder die Osterkerze wird hochgehalten, ebenso die Bibel oder das Evangeliar, während das Halleluja gesungen wird.

Evangelium Lk 11, 27–28

Als Jesus zur Volksmenge redete, rief eine Frau aus der Menge ihm zu: Wohl der Frau, deren Leib dich getragen und deren Brust dich genährt hat. Er aber erwiderte: Wohl denen, die das Wort Gottes hören und es befolgen.

Segnung der Kräuter

Wir verbinden das Fest mit einem alten Brauch. Aus der Kraft der Erde sind uns Kräuter und Blumen gewachsen. Wir haben die Kräuter gesammelt. Jetzt im Hochsommer stehen die Wiesen voller duftender Kräuter. Wir finden Schafgarbe und Spitzwegerich, die Wegwarte und das Zinnkraut, das Johanniskraut und die Königskerze und vieles, vieles mehr. Im Garten wuchern die Ringelblumen und Malven, Thymian und Salbei, Pfefferminze und Melisse und die Küchengewürze aller Art. Die Getreideernte ist vielfach eingebracht, Gerste, Weizen, Hafer, Roggen.

Fast mutet es wie ein Erntedankfest an. Wir feiern den Dank über die Schönheit unserer Schöpfung. Wir staunen, wie Gott in all den Pflanzen an unser Wohlbefinden, an unser Heil gedacht hat – Heilpflanzen sind es. Denn jedes Kraut ist für etwas gut - Gott meint es gut mit uns.
Wir wollen im Segensgebet Gott Dank sagen.

Segensgebet (nach dem Benediktionale)

Herr, unser Gott, wir danken dir für alle Wunder deiner Schöpfung. Durch die Heilkräuter und Blumen schenkst du uns Gesundheit und Freude.
Segne diese Kräuter und Blumen. Sie erinnern uns an den Reichtum deines Lebens. Heute denken wir besonders an Maria, deine Mutter. Du hast sie über alle Geschöpfe erhoben und zu dir in den Himmel aufgenommen. Damit willst du uns ein Zeichen geben, dass auch wir gewürdigt werden, dass du uns allen einen Platz in der Mitte bereitest, weil du unser aller Heil willst. Schenke uns auf die Fürsprache Mariens dein Heil! Lass uns zur ewigen Gemeinschaft mit dir gelangen und dereinst einstimmen in das Lob der ganzen Schöpfung, die dich preist durch deinen Sohn Jesus Christus in alle Ewigkeit!

Wir wollen aus der Fülle der gesammelten Blumen und Kräuter die einzelnen herausheben.

❍ Nacheinander holen die Kinder einzelne Blumen oder Kräuter aus dem Korb und legen sie um den goldenen Reifen.

❍ Dazu können wir singen: Erde singe … GL 827, Augsburger Diözesanteil oder: Danket, danket dem Herrn... GL 283

Deutung

Wir haben mit unseren Blumen und Kräutern einen Kranz gelegt. Er schmückt das Bild Mariens. So ist sie uns vorgestellt, als Mensch, als Frau, die den ersten Platz in der Heilsgeschichte hat – als „First Lady“ könnten wir sagen. Sie ist die erste, weil sie mit ihrem Ja zur Menschwerdung Gottes Gott ganz nah gekommen ist – weil sie geglaubt hat. Diesen Glauben hat sie gelebt. Auf ihrem Lebensweg hat sie Station für Station ihr JA neu gesagt. Sie hat es wohl getan in dem Bewusstsein: Gott, du schaust mich gütig an und hast für mich einen Sinn des Lebens und zugleich ein Ziel. Und Gott hat „in Gnaden auf die Niedrigkeit seiner Magd geschaut“.

Fürbitten

In einzelnen Stationen wollen wir das Leben Marias noch einmal anschauen. Wir wollen sie um ihre Fürsprache bei Gott bitten, dass auch unser Glaube groß und stark wird.

V/A: Hilf Maria, hilf uns glauben. Bitte Gott für uns!

Text u. Melodie: Hanni Neubauer

- Maria, du hast Ja gesagt, als der Engel dir die Botschaft brachte, dass du Mutter werden solltest.
- Maria, du hast dein Kind geboren, du hast es auf deinen Armen getragen, dich gefreut, dass es da ist.
- Maria, du hast dein Kind behütet, beschützt, bist mit ihm nach Ägypten geflohen um sein Leben zu retten
- Maria, du hast mit Sorge nach Jesus gesucht, als er im Tempel zu Jerusalem zurückblieb und du nicht wusstest, wo er ist.
- Maria, du hast Sorge getragen, als auf der Hochzeit zu Kana der Wein ausging, die Menschen traurig wurden.
- Maria, du hast Jesus auf seinem schweren Weg des Kreuzes begleitet.
- Maria, du hast großes Leid getragen, als Jesus am Kreuze hing und starb.
- Maria, du warst voller Freude, als Jesus vom Tode auferstanden war.
- Maria, du hast mit den Freunden Jesu auf den heiligen Geist gewartet, um sein Kommen gebetet.

❍ Bei jeder Station legt ein Kind einen goldenen Zacken um den Blumenkranz auf die blauen Tücher.

Wer so viel trägt an Freud und Leid, der darf die Krone des Lebens tragen.
Gott hat Maria hoch erhoben, zu sich, zu seinem Sohn. Er hat sie in den Himmel aufgenommen und zur Königin des Himmels gekrönt. So lasst uns miteinander singen:

Text u. Melodie:
Hanni Neubauer u. Sr. C. Sillmann

2. Ma-ri-a trug das Kreuz und Leid mit Je-sus in der schwe-ren Zeit.
3. Ma-ri-a, dir sei Lob ge-sun-gen; denn al-les Leid hast du be-zwun-gen.
4. Ma-ri-a, dir sei Dank ge-sagt; denn du hast die-ses „Ja" ge-wagt.
5. Ma-ri-a, mit dir lo-ben wir Je-sus Chris-tus, un-sern Herrn.
6. Ma-ri-a, Mut-ter, Kö-ni-gin, nimm Dank und Bit-te von uns hin.

Vater unser

Gott, unseren Vater, wollen wir loben, danken und ihn bitten, dass wir, wie Maria, die Krone des Lebens erlangen und ihn in Herrlichkeit preisen dürfen.

❍ Wir reichen uns die Hände. Am Ende des Gebetes, bei „dein ist das Reich und die Kraft und die Herrlichkeit" führen wir sie nach oben und bilden so eine Krone.

Schlussgebet

Du großer und barmherziger Gott,
An Maria können wir schauen, was deine Gnade und Liebe an einem Menschen wirken kann.
Danke, dass wir Zukunft haben in dir und durch dich als ganzer Mensch mit allem, was zu uns gehört – Leib und Seele.

Wir wollen dich loben und preisen durch Jesus, deinen Sohn, der uns erlöst hat durch seinen Tod und seine Auferstehung und der mit dir lebt und liebt in der Einheit des Heiligen Geistes in alle Ewigkeit. Amen.

Segen und Sendung

Es segne uns Gott, der alles erschaffen.
Er sei der Himmel über uns,
die Erde unter uns,
die Höhe und die Tiefe und die Weite.
Er sei uns die Hoffnung und Heil in seine Zukunft und Herrlichkeit hinein.

Nach dem Gottesdienst

Die Heilkräuter können von den Kindern an die Gottesdienstteilnehmer verteilt werden. Zu Hause können wir sie zum Kreuz oder einem Marienbild bringen und uns weiterhin an die Schönheit der Schöpfung und an die Vollendung und Heilung unseres Menschseins erinnern.

KURSAUSSCHREIBUNG

1. Welch ein Glück, mit Kindern zu leben
Wochenkurs in Steinerskirchen, 21. Juli bis 25. Juli 2003

Zielgruppe:	Eltern-Kind-Gruppenleiter, ErzieherInnen, pastorale Mitarbeiter und Ehrenamtliche, die in der Gestaltung von Kleinkindergottesdiensten tätig sind.
Leitung:	Margot Eder, Irmtraud Ewender, Irmengard Kindl
Anmeldung:	Margot Eder, Pfarrweg 2, 83358 Seebruck
Kosten:	Einzelzimmer: € 154,– Doppelzimmer: € 124,– Kursgebühr: € 120,–

2. Mit Kindern die Welt entdecken und deuten
Wochenkurs in Steinerskirchen, 1. Dez. bis 5. Dez. 2003
Der Kurs möchte in den Weg der religionspädagogischen Praxis einführen

Zielgruppe:	Erzieher, Lehrer, Katecheten, Verantwortliche Leiter von Kindergottesdiensten
Leitung:	Hanni Neubauer, Thomas Brunnhuber, Franz Kett
Anmeldung:	Franz Kett, Irisstraße 4, 82194 Gröbenzell
Kosten:	Einzelzimmer: € 154,– Doppelzimmer: € 124,– Kursgebühr: € 100,–

3. Mitten in der Nacht ist ein Stern erwacht
Wochenende in Steinerskirchen, 5. Dez. bis 7. Dez. 2003
Die Feier von Advent und Weihnachten im Rahmen des ganzheitlichen Weges

Leitung:	Franz Kett, Elisabeth Gassner
Anmeldung:	Franz Kett, Irisstraße 4, 82194 Gröbenzell
Kosten:	Einzelzimmer: € 74,– Doppelzimmer: € 59,– Kursgebühr: € 40,–

Die „Oase Steinerskirchen“ liegt in der Nähe von Ingolstadt (Oberbayern) und ist ein Besinnungshaus der Herz-Jesu-Missionare.

86558 Hohenwart · Telefon: (08446) 9201-0 · Telefax: (08446) 1233